中 華 教 育

馬可·孛羅歷險記

行者歸來

【意】克里斯蒂娜·拉斯特萊格
弗朗西斯科·苔斯塔 / 著繪
馬素文 / 譯創

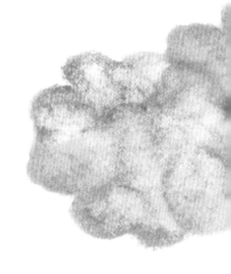

馬可‧孛羅歷險記

行者歸來

【意】克里斯蒂娜‧拉斯特萊格
弗朗西斯科‧苔斯塔 / 著繪
馬素文 / 譯創

責任編輯：劉可有　謝燿墥
裝幀設計：龐雅美
排　版：龐雅美
印　務：劉漢舉

出版 / 中華教育

香港北角英皇道 499 號北角工業大廈 1 樓 B 室
電話：(852) 2137 2338　傳真：(852) 2713 8202
電子郵件：info@chunghwabook.com.hk
網址：http://www.chunghwabook.com.hk

發行 / 香港聯合書刊物流有限公司

香港新界荃灣德士古道 220-248 號荃灣工業中心 16 樓
電話：(852) 2150 2100　傳真：(852) 2407 3062
電子郵件：info@suplogistics.com.hk

印刷 / 高科技印刷集團有限公司

香港葵涌和宜合道 109 號長榮工業大廈 6 樓

版次 / 2021 年 12 月第 1 版第 1 次印刷
©2021 中華教育

規格 / 16 開（275mm x 210mm）
ISBN / 978-988-8760-20-6

目　錄

第一章　行者歸來　　　　　　　　／ 1

第二章　總督的命令　　　　　　　／ 25

第三章　敵人的陰謀　　　　　　　／ 37

第四章　揚帆起航　　　　　　　　／ 49

第五章　千湖之山棉花堡　　　　　／ 67

第六章　亞拉臘山之挪亞方舟　　　／ 85

第七章　國境哨所　　　　　　　　／ 101

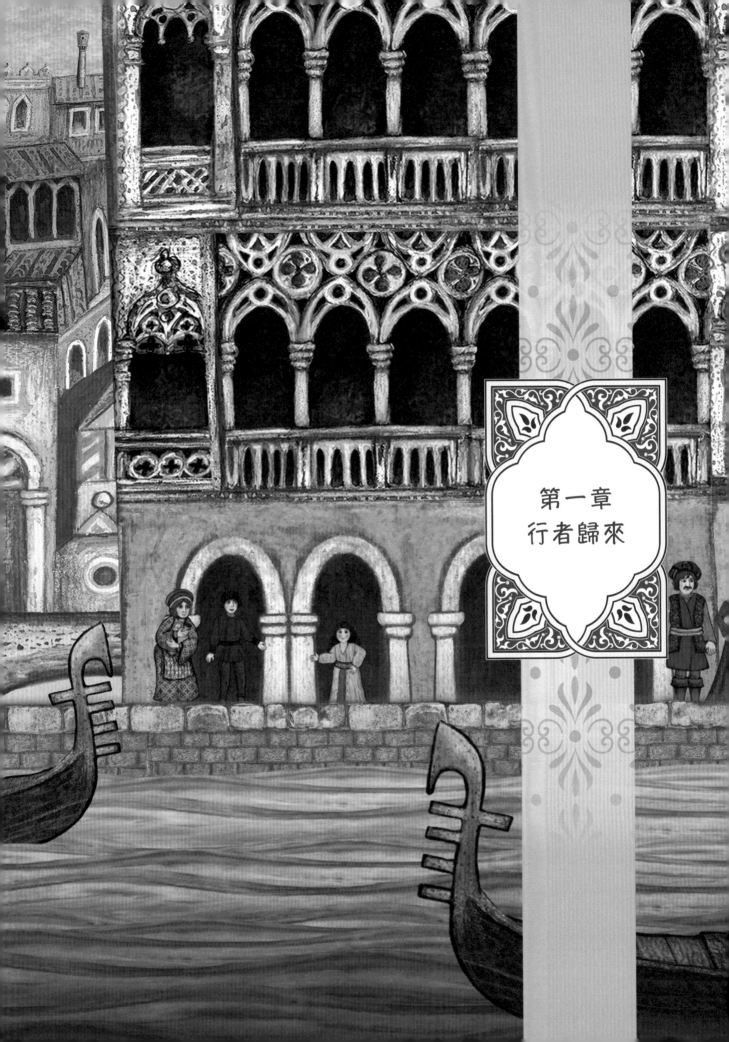

第一章
行者歸來

我叫馬可·孛羅，馬可是我的名字，孛羅是我的姓氏。

這是我跋山涉水，遠渡重洋來到中國的旅途故事。

公元 1254 年我出生於威尼斯，這是一座燦爛的海上之城，靠着海上貿易興旺繁盛，也靠着航海和內陸人民保持聯繫。

我從未見過自己的父親，聽說我是在他離開後才出生的。

空閒的時候，我喜歡去潟湖的島上眺望大海，希望有一天能見到父親回來。

海鷗在天空中翱翔。

馬可·孛羅獨自一人在海邊散步，一連串腳印踩在沙灘上。

涼爽的海風吹在身上，帶着絲絲鹹味。

馬可·孛羅走到海濱線上，看着一串串的小浪花翻滾着爬上岸，隨後又退回海中。海平面的粼粼波光和天邊大朵大朵的白雲在視線遠處融在了一起。

他出神地望着天空，驚喜地看着白雲被風吹過，變幻出各種動物、人物的模樣。眼前的一朵雲被風吹得越來越近，看起來竟像一艘巨大的帆船。

這艘空中之船彷彿在召喚馬可·孛羅登上它，開啟一段通向世界盡頭的遠洋航行。

「多希望有一艘大船，能帶回我的父親！」馬可·孛羅喃喃自語着。

就在此時，他看見了老朋友賈科莫，賈科莫坐着載滿了蔬果的貢多拉（註：威尼斯特有的一種木船，兩頭尖，翹起，中空）往集市方向划去。

　　馬可揮舞着手臂，大聲喊道：

　　「嗨！賈科莫！等等我！」

　　賈科莫看到了老朋友，也開心地揮手致意。

　　馬可一下跳入水中，划動着粗壯有力的胳膊，游向貢多拉。

　　賈科莫停止划槳，笑嘻嘻地看着夥伴：

　　「你想做甚麼？要進攻我的船嗎？」

　　馬可爬上船舷，微微晃動着貢多拉。

　　「是啊是啊！現在我已經征服了你的船，接下來我們去哪兒？」

　　「嗯……帶你去威尼斯共和國的果蔬市場怎麼樣？」

　　「好吧！這次就這樣算了！但下一次，你必須帶我去海的那頭才可以！」

　　馬可舒舒服服地半躺在貢多拉上，聞着新鮮水果的香味，毫不客氣地選了一個香梨啃了起來。

賈科莫調皮地對他敬了個禮：

「那當然啦！馬可‧孛羅船長！祝您好胃口！」

　　賈科莫熟悉市內每條水路，能敏捷地避開來往的船隻。他的船槳靈巧地划過平靜的海面，快速推動貢多拉往城裏駛去。

　　當貢多拉緩緩地靠近一座小廣場時，馬可看到夥伴正在踢球，欣然下船加入了夥伴的隊伍。

　　最喜歡捉弄馬可的姑娘——多娜塔，一蹦一跳地朝他走來。她也加入爭搶皮球的隊伍之中，一把抓住皮球藏在身後，俏皮地眨眨眼說：

「馬可，你要皮球嗎？典當些東西給我吧！」

「親愛的多娜塔小姐，在下願意付出任何代價……」馬可也半開玩笑地向前微微鞠躬，像紳士一般作揖。

　　出生在同一個街區裏的多娜塔，向馬可微微一笑。對馬可而言，那就是世界上最迷人的表情了。

　　漂亮、可愛、聰明、熱心腸⋯⋯如果要羅列多娜塔的優點，馬可能一口氣說出好多，如果可以，他希望一直像現在這樣，每天和夥伴開開心心地玩耍，一起長大。

「馬可！我的小祖宗啊！」

姨媽的一聲呵斥，打破了午後的平靜和美好。

「別玩了！你別和那些遊手好閒的傢伙湊熱鬧，快去幹活……」

一直撫養馬可·孛羅的姨媽，帶着些許不耐煩的語氣，催促着小伙子去店裏幹活。馬可無奈之下，乖乖地跟姨媽回去，一邊走一邊回頭朝夥伴小聲說：「下回再一起玩……」

威尼斯市中心的織錦布料市場，客人們正在挑選心儀的料子。

與此同時，馬可在鋪位內室忙碌穿梭着，將一匹匹用金線繡着精細圖案的上好料子放到貨架上，用手撫平軟布料上的褶皺。馬可每天都重複着這些工作。

突然，運河兩旁的人行道上響起了吵吵嚷嚷激動不安的聲音，一直傳到了鋪位的內室：

「他們到啦！……」

「難以置信啊！那麼多年過去了……」

「快去看啊……」

這突如其來的喧囂引起了馬可的好奇：這是怎麼了？外面發生了甚麼？

老闆肯定不讓他出去，現在還是工作時間呢……

可是，馬克太心急了，還沒等老闆同意，一溜煙衝出店鋪，跑遠了。

「發生甚麼大事了嗎？」

馬可向一個跑過身邊的小伙子詢問。

小伙子頭也不回地一邊跑一邊回答：

「聽說船停在總督府門口……」

馬可一邊問一邊跟着人羣往總督府方向快步跑去，突然間一種奇怪的眩暈感向他襲來。

「誰的船？總督府？」

路人們吵嚷着丟來幾句簡短的回答：

「從君士坦丁堡來了一艘船……」

「聽說他們之前去遠東啦！」

…………

馬可氣喘吁吁地被人潮挾着往前走，看見賈科莫正從貢多拉上卸貨。

「嘿，賈科莫！今天威尼斯是怎麼了？誰來了？」

賈科莫高興地對他喊叫着：

「偉大的一天呀，馬可！趕緊衝！你爸爸和叔叔回來啦！」

一瞬間，這一句話正中馬可的心臟──不敢置信！

「啊？真的嗎？」

「是啊！他們的船剛剛進入大運河！快衝啊，船要在聖馬可大廣場靠岸⋯⋯」

馬可沒有等賈科莫說完就激動地加速飛奔起來，他努力撥開擁擠的人羣，顧不得一路上跌跌撞撞的魯莽，內心只有一個念頭：

父親！我的父親回來了！

遠處鑼鼓喧天，宣告着遠航船隻即將靠岸。

馬可對那聲音非常熟悉，每當威尼斯有重大活動慶典的時候，廣場上都會響起那樣的鑼鼓奏樂。

他越跑越快，越過小橋、運河、人羣，在狹小的街巷中穿梭。終於趕到聖馬可廣場，眼前人山人海。

或許——可以見到父親了！

馬可感到自己的心臟瘋狂地跳動不停！

廣場的另外一端，進港的船已經收起主帆，甲板上曬得黝黑的水手們緊靠船舷，把粗粗的纜繩丟上岸。岸邊的人們趕忙拎起丟來的纜繩，綁在纜繩柱上。船尾的聖馬可獅子旗幟正迎風飄揚，從未如此鮮豔奪目！

船上準備上岸的旅行者們，因相距太遠看起來很小，但馬可能感覺到他們姿貌雄偉。

為首的是一位神情堅毅的長者，髮絲間隱約摻雜些許灰白，長年的旅途在他臉上刻出深深的溝壑，令人一下辨別不出他的具體年齡。在他之後下船的是一位看上去年輕一些的漢子，不羈的頭髮隨風飄蕩，跟第一位長者擁有同樣執着堅定的眼神——這是兩兄弟！

「船長好像叫尼科洛·孛羅……還有一個，馬泰奧·孛羅！」

「就是！就是他們回來了！他們這一走多少年過去啦，還以為回不來了呢，今天真是個奇跡啊！」

路人們交頭接耳的聲音傳到馬可耳中。

——是父親！是父親！

「對不起……讓一讓，讓一讓……讓我過去……我是他兒子！」

馬可趕忙叫喚起來，嘗試在人羣中挪動身子前行。湊熱鬧的羣眾把廣場堵得水泄不通，像沙丁魚罐頭一般，身形單薄的馬可再怎麼努力，都是寸步難行。

尼科洛站在船頭，揮手向民眾打招呼，中氣十足地高喊：

「威尼斯共和國萬歲！」

馬可不由自主地張大了嘴，望着不遠處的父親，那就是日思夜想的父親啊！

「威尼斯！我們回來啦！」

馬泰奧緊跟着尼科洛歡呼，心裏充滿了對故鄉的思念。

「旅行家萬歲……」

廣場的人羣熱烈地回應他們，向凱旋的勇士們致以故鄉最親切的問候。

馬可終於快擠到船邊上了，只是越靠近，人羣越密集，馬可更是寸步難移。

「父親！我是馬可！是我，你兒子啊……」

用盡了全身的力氣，聲音卻被四周的呼喊聲一下子吞沒，歡騰的人羣，就像鐵鍋裏的沸水，咕咚咕咚此起彼伏，沒人在意這個不起眼的小伙子。

「列隊，預備……」

衞隊在總督府前排好陣形，舉起儀仗兵器，刀刃在陽光的照耀下閃閃發光。

人羣自動讓開一條道路，從船身一直通向總督府門口。凱旋的英雄們，緩緩走下懸梯，走向威尼斯王國最莊嚴的府邸。

而此時，馬可還被擠在人羣之中。

「你們讓開，求你們了！他是我父親，父親！……」

尼科洛正走着，突然駐足扭頭，目光朝馬可的方向注視了一會兒，好像聽到了甚麼不一樣的呼聲。他盲目地在人羣中搜索，內心有種奇怪的感覺。

「或許是幻聽了吧。」尼科洛自言自語。

就在此刻，代表總督和大議會負責迎接他們的祕書長急匆匆抵達：

「歡迎回家，孛羅兄弟，威尼斯的榮耀子民！總督會親自迎接你們！大議會也聚齊了，都在府內恭候呢！」

「榮幸之至！」

尼科洛和馬泰奧看着全城歡呼的人羣內心感慨。過去了這麼多年，威尼斯的一磚一瓦，廣場、運河，曾深埋在記憶中，而現在，竟實實在在地就在眼前。他倆深深呼吸，昂首挺胸，徑直走入總督府。

「父親，我是馬可呀！父親！」

大門在他們身後關上，也擋住了馬可·孛羅的聲音。

馬可依舊努力地撥開人羣嘗試靠近。

「不許過去！」

衞兵毫不客氣地攔住馬可，就像擋住所有企圖跟着凱旋的孛羅兄弟一起湧進總督府的人羣一樣。

沮喪！只有沮喪！

父親近在咫尺，卻看不到自己！父親剛剛明明都回頭看了，卻沒有發現努力揮手的自己。

「你是誰？剛剛你說誰是你父親？」

還是有人注意到了馬可。

他五十歲上下，一身肌肉份外結實，面部黝黑，一看就是經歷過長期的日曬雨淋。這名男子之前和尼科洛一起站在船頭，只是快下船的時候，他獨自在船舷又逗留了一會兒。

就是逗留的這一會兒，他從高處瞥見擁擠的人潮中，有一個奮力跳躍着往前擠的身影，不同於普通歡呼的羣眾，這個小伙子激動得有點兒怪異。

男子心存疑惑，下船後悄沒聲兒地擠進人羣，靠近馬可，低頭詢問道。

「先生您好，我叫馬可·孛羅！剛剛過去的是我父親，我父親！我是尼科洛·孛羅的兒子！」

馬可一口氣回答，這一路的人，難得有人肯聽他說話。

男子沒有應答，仔細端詳眼前的小伙子。

這還真是件新鮮事！那麼多年和尼科洛一塊旅行，怎麼從沒聽說過他有甚麼兒子？

但確實，眼前的這個男孩，有着和尼科洛非常相似的臉龐。

「是有點兒像，但為甚麼我沒聽你父親尼科洛提起過？」

「我是在父親出發之後才出生的，我們從沒見過……可是，可是我真的是他兒子！」

馬可努力想證明自己，他的臉龐和眼神，雖說和尼科洛不是一個模子刻出來，但也能讓人一眼就發現他們之間的血緣關係。

「孩子，跟着我，一會兒我讓你見到你父親。」

馬可情不自禁地抱住眼前這個陌生人，不知道為甚麼，他從心底信任這個人！

最重要的是，不能讓他離開自己！

「您認識我父親，尼科洛·孛羅？」

「我認識他嗎？哈哈，我叫威賽，孛羅兄弟的司務長！我跟你父親還有你叔叔馬泰奧遊歷了東方所有的國家！」

「當真？」

「那當然！當年他們從威尼斯出發的時候我就一直和他們一起工作……好啦，現在開始跟着我吧！我來和那些衞兵去說……」

總督早已在寶座就位，議員們也好奇地等待着。

「讓我們熱烈歡迎威尼斯最英勇的兄弟勝利而歸！」

話音剛落，總督府大廳裏響起一陣掌聲。

孛羅家族兩兄弟走上前來，深深鞠躬，看似沉着也難掩內心的激動。

等不及的議員們忙不迭地向他們拋出一連串關於旅行的問題：去過哪兒？見過甚麼場面？有沒有甚麼新的商機……

早已等候多時的兄弟倆，尤其是尼科洛，興致高昂地說：

「我們去過很多極其特別和美妙的地方！」

然後他頓了頓，清清嗓子後莊重地講述：

「但是首先，我要帶來中國皇帝的問候和祝福！」

馬泰奧在一旁特地強調了一句：

「對，中國，就是中國！中國有非常漂亮和名貴的絲綢製品！」

然後他從內袋中掏出一段絲綢，光滑而豔麗。綢緞輕輕

地展開，彷彿帶着魔法一般輕柔地飄蕩在空氣中。

　　議員們都是經驗豐富的商人，但也從未見過如此名貴的綢緞，忍不住嘖嘖稱奇。

　　總督大人也有點兒坐不住了，希望兩兄弟多講一些旅途見聞。

　　尼科洛在馬泰奧的幫助下，展開一張巨大的羊皮地圖，手指沿着他們旅行的路徑，不慌不忙地解釋：

　　「中國，那可是一個科技和藝術都極其先進的國家！我覺得有新的貿易之路可以開拓，我們的路線是這樣的……」

　　沒想到，議員中最權威的珠萊尼格打斷了他們，因為他不贊同開闢新航線。珠萊尼格還有眾多的支持者，紛紛表示目前的商路有利可圖，沒必要冒險。

　　不知不覺議員們就分為兩個派別，開始打起了嘴仗，互不相讓。

　　尼科洛和馬泰奧站在大廳正中間，有些尷尬，進退兩難。

　　見此情形，總督決定先讓大家停止這爭吵。

　　「尊敬的各位議員！我們讓旅行家們先去休息一下吧……他們長途跋涉，應該先

好好休息！」

尼科洛非常感激總督的善意之舉：

「總督大人、議員先生，請大家理解，那麼多年在外漂泊，我想趕緊回家……」
大廳裏頓時寂靜無聲。

直到此刻，大家才發現還沒人告訴尼科洛他遠行後都發生了甚麼。

祕書長俯身輕聲對總督耳語一番後，總督鎮定地發話：

「尼科洛‧孛羅，在離開之前，請你來我書房一下！」說完，總督徑自轉身走向
書房，祕書長向着尼科洛微微欠身，伸手做出「請」的手勢，示意他跟上。

見尼科洛‧孛羅進了書房，總督向祕書長揮揮手示意他出去。祕書長一愣，還
想說些甚麼，卻被總督一瞪，只得悻悻地退了出去。

關上了房門，總督大人走向書桌後的皮質座椅，椅子兩邊的扶手是栩栩如生的

獅子頭。在他坐下的同時，他抬了抬手，示意尼科洛‧亨羅在他對面的另一把椅子上坐下。

「尼科洛，你要堅強。」總督摩挲着扶手上雕花獅子的鬃毛。待尼科洛在他對面坐定，才似乎下定決心一樣，用嚴肅的口氣說道，「因為我要告訴你一個不幸的消息。」

尼科洛渾身冰冷，一股寒意從腳底油然而生。尼科洛不由得坐直了身子，微微向前傾，似乎隨時準備站起來一樣。

「大人，您，您想說甚麼？」

「很抱歉，你的妻子不能來迎接你了。她，她已經去世了⋯⋯」

五雷轟頂！

嗡的一聲，尼科洛感到自己大腦一片空白，耳朵裏有一萬隻蚊子同時拍動翅膀。他無法呼吸，彷彿有無數雙手卡着他的喉嚨，想喊也喊不出聲來，想大口喘氣卻做不到！

「怎麼可能？！這不可能！」

妻子的笑容，彷彿就在眼前，觸手可及。每每想到心愛的妻子，尼科洛總能勇往直前。他是妻子的自尊和依靠，而妻子是他旅途中最深情的掛念。

過了一會兒，他才用雙手勉強撐起身子，緩緩站了起來，跟蹌着轉過身，一點一點移到窗邊。總督逆着陽光看着他，只有一個剪影：微微顫動的雙肩，隱藏不住的悲傷。

尼科洛的目光迷失在海平面上，日落的些許霞光預示着暮色降臨，遠處翻滾的黑雲，預示着一場暴雨的來臨。不一會兒他視線模糊，再也分不清海水和天際，眼中的一切都朦朧起來。

「我究竟做了甚麼？！我離開家，去遠方尋寶，而我最重要的人，卻再也見不到了？！」

尼科洛喃喃自語着，噙着的淚水無聲地劃過臉龐。

總督迫不及待地想安慰眼前這位飽經風霜的男子：

「不過，有一個好消息。雖然你的妻子不在了，但是她給你生了個兒子！尼科洛，你有個兒子！」

「兒子？……我有兒子？」
這第二個消息，讓尼科洛簡直不敢相信自己的耳朵！

「請尊貴的孛羅家族尼科洛的兒子──馬可‧孛羅進來！」
一聲令下，總督府的大門重新打開，馬可‧孛羅就站在門口。
他本想奔跑，但是雙腿如灌了鉛般沉重，只得一小步一小步地向前挪動。也可能是總督府裏威嚴的裝飾和肅穆的氣氛，加重了這緊張的情緒！

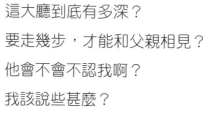

這大廳到底有多深？
要走幾步，才能和父親相見？
他會不會不認我啊？
我該說些甚麼？
…………
馬可‧孛羅腦子裏閃過無數的問題。
時間就這樣停滯。
馬可有點兒喘不上氣來，他能清晰地感受到心臟在胸腔裏跳動的節奏和聲響──撲通撲通！如果有擴音器，這撲通的聲音足夠響徹總督府各個角落。
被帶進大廳盡頭的書房，看到父親的剎那，馬可感到周圍所有的事物都不復存在了，彷彿世間只有他倆，四目相對。
「父親，我是馬可！」
「我的兒子？……」
尼科洛呆呆地看着剛走進書房的馬可‧孛羅：頭髮、眉眼、鼻樑、嘴角，真的很像自己。這孩子纖瘦而挺拔，眼神堅定又帶點兒怯生生的害羞的感覺。他下垂的雙手緊緊地握着，顫抖不停，完全不受控制，也完全感知不到肌肉的痙攣。

尼科洛瞬間老淚縱橫！

尼科洛邁步來到馬可面前，俯身，後背彷彿壓着千斤重擔。他顫顫巍巍地伸出雙手，用粗糙的手掌撫摩馬可清瘦的臉龐，又順着臉頰摸到肩膀。尼科洛用力但又不敢過分使勁兒地捏了捏馬可的雙肩，這孩子身軀單薄但透露着一份倔強。

尼科洛拉起馬可的雙手，雖然年輕，馬可的掌心也佈滿了因勞作而長出的繭子，這令尼科洛着實心疼不已。

一手拉着馬可，一手撫摩着馬可的臉龐，尼科洛再也控制不住自己的情感：

「我的兒子！你是我兒子！兒子啊！……」

聽到父親那一句「我的兒子！」馬可也控制不住地哽咽落淚：

「父親！父親！」

說完馬可直接撲在父親懷裏，緊緊地抱着父親，這些年的思念，這些年受的委屈，一股腦兒如泄洪潮水般噴湧，馬可不能自已地號啕大哭起來。他生怕這只是個夢，生怕會夢醒父親轉眼消失不見，此時此刻，一定要牢牢地抱住！甚麼都不管！父親身上有海浪的味道，那麼真切；父親的懷抱是那麼寬闊而溫暖；父親渾身也在微微顫抖……

尼科洛懷抱着號啕大哭的兒子，輕輕地撫摩他的腦袋，稍微平靜一些後，他用手背幫忙擦拭着兒子臉頰滾落的淚水：

「兒子啊，讓我好好看看，你的眼神和你母親的一模一樣！」

聽到「母親」，馬可鼻頭再次一酸，紅了的雙眼越加明顯：

「母親不在了……以前她每天都和我提到您，每天都會說……」

早已滿心愧疚的尼科洛，再次一把摟住馬可：

「我回來晚了！讓你久等了……」

當我終於見到了素未謀面的
父親——從小思念的親人，當他
真實地出現在我面前，我強烈地
感受到血脈中流淌的親情，一股
溫潤的熱血遍佈全身。父親的擁
抱像一根無形的繩索緊緊地將我
倆綁在一起。

有一種念想湧上心頭：這輩
子，我再也不要和父親分開了！
我要和他肩並肩地一起生活，一
起面對任何困難險阻，只要我倆
在一起，甚麼事都不在話下！

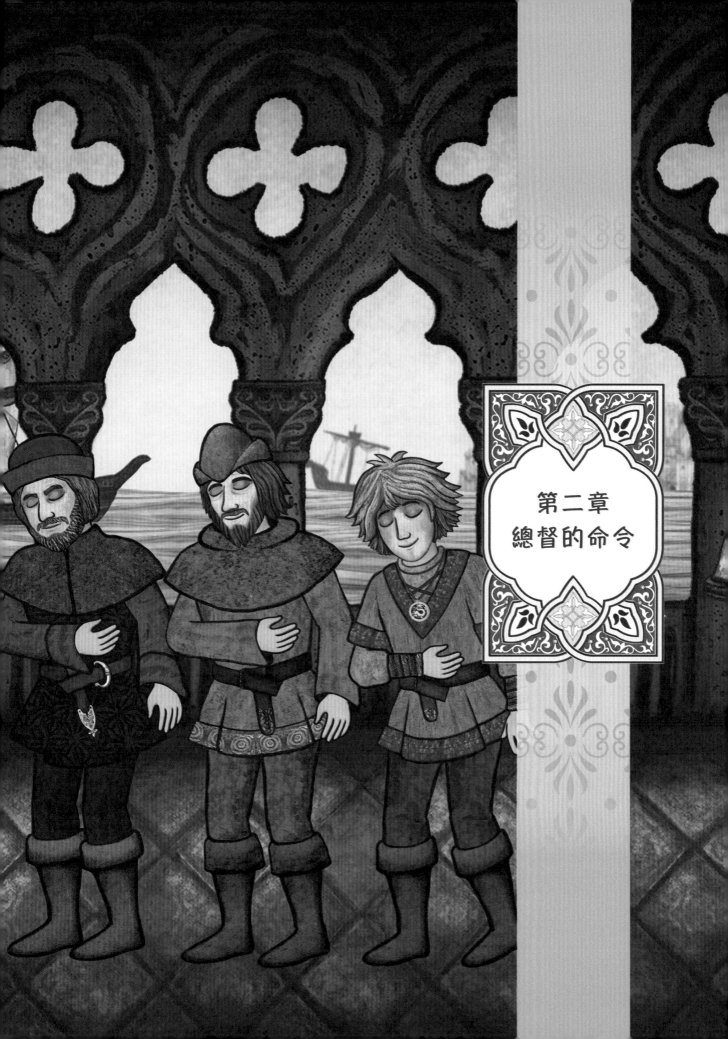

第二章
總督的命令

我家門口對面的小廣場上，有一個小飯館，外牆爬滿了紫藤花。

威賽時常去那兒喝上一杯，鄉親茶餘飯後就會在廣場上曬着太陽，聊着天，聽他講述旅行途中的見聞故事。

威賽繪聲繪色地描述，卻時不時給鄉親質疑。

唉，沒出過遠門的人們無法想像遙遠國度裏那些光怪陸離的事情。

後廚的桌上攤着羊皮地圖。

尼科洛指着地圖，側頭看了下身旁的馬泰奧：「這邊山太陡了，我們輜重多，不好翻，但是如果繞道走沙漠，我怕……」

「與其考慮自然條件，還不如想想到時候沿途碰到的人好不好相處呢，反正我覺得人心可比自然環境難對付。」沒等尼科洛把話說完，馬泰奧有點兒無所謂地聳聳肩。

馬可雙手撐着桌沿，伸長脖子，探着腦袋，眼巴巴地盯着地圖，彷彿想從中看到父親口中的異域風光。

「馬可，你都盯着地圖好久了，瞧出些甚麼沒？」

坐在桌子另一頭的威賽看着馬可出神的模樣，忍不住逗趣笑道。

馬可頭也沒抬，仍然盯着地圖，臉微微側向威賽：「嗯！我能看到綿延的羣山，無邊無際的沙漠，遼闊的草原，還有個東方國家！」

「你說的『東方』，可不止一個國家。那裏住着不同的民族，說着不同的話，習慣也都不一樣……」

威賽慢悠悠地看了一眼尼科洛。尼科洛笑了笑，轉頭對着自己兒子說：

「馬可，東方——有一個國家，偉大且與眾不同！叫『中國』。」尼科洛頓了頓，「怎麼講呢，中國歷史悠久，幅員遼闊，比羅馬帝國更古老呢！」

「那裏的人和我們有一點兒像。」馬泰奧趕緊補充了一句，「不過比起來，還是大不相同啊……」

「長得不一樣？習慣不一樣？你們帶回來的雕塑是中國的吧？」馬可更加好奇了。

威賽點點頭說：「嗯，身形倒是差不多，五官完全不同啦。」

「其實中國人和我們最大的區別是文化。」父親尼科洛覺得，可以向兒子解釋一些更深層次的問題，「中國文化博大精深，他們頭腦靈活，聰明有禮，講規矩。那裏有各種各樣的發明創造……」

馬可一邊聽着，一邊朝旁邊茶几上的雕塑擺設看去。一件又一件，都是父親和叔叔從中國帶回來的紀念品。這些物件個個精美絕倫，風格式樣都是馬可從沒見過的。其中還有不少玉石雕像，天然的玉石光澤細膩、温潤，映着燭光，彷彿有一層神祕面紗，馬可甚至猜想，每一件小玩意兒都有一段奇妙的故事。

看着看着，馬可的目光落在一小尊玉獅子上，它沒有翅膀，卻有一對熠熠發光的大眼睛和蓬鬆威武的鬃毛，牢牢地抓住了馬可的注意力。

「父親，這獅子，和我們聖馬可廣場的獅子真是太不一樣了！」

「嗯，這就是中國的玉獅！你要是真的見過中國那些巨大的玉石雕像，嘖嘖……太美了！」

尼科洛說着說着，忍不住開始撫摩掛在脖子上的玉墜。

馬可觀察到父親有事沒事，就愛撫摩這個項鏈墜子，忍不住湊近父親，抬着下巴盯着它瞧。

墜子上有個奇怪的動物：長長的身子，覆蓋着鱗片，像蛇；但是有腿，有爪子；還有碩大的像駱駝一般的頭，臉龐長着鬍鬚；表情怪異又神祕，一雙眼睛特別活靈活現⋯⋯

「這個是中國的龍！我們離開中國的時候，大汗親手送給我的！」尼科洛看到兒子好奇的模樣，便用右手掌心托起玉墜，遞到兒子眼前讓他可以看得仔細，「龍是中國皇帝的象徵，據說可以帶來好運。大汗告訴我這是個厲害的護身符，我看你喜歡，送你了！」

「護身符？那它有魔法嗎？」馬可眼見父親伸手要摘下玉墜，急忙按住父親的手，自己下意識地往後一靠，「不行父親，這是中國皇帝送給您的，您戴着吧，我不能要！」馬可知道這是一件非常貴重的禮物，父親一定特別珍愛。

「比起這護身符，你對我來說才是最重要的，我希望你能一直戴着它，讓它保佑你逢凶化吉！」尼科洛輕輕握住兒子按過來的手，然後握住中國龍，小心地從自己頭上摘下，戴在了馬可的脖子上。

馬可低頭，雙手捧住已經屬於他的玉墜，興奮極了：「謝謝，謝謝父親！如果這個項鏈有魔法，可以保佑我的話，我該怎麼使用它？」

手中的玉龍一陣輕顫打斷了馬可的話。馬可低頭一看，墜子一閃一閃在發光，幾乎微不可見，彷彿只有自己才能察覺。馬可的耳邊響起一絲細碎的聲音，像有風輕輕颳過。馬可迅速看了一眼四周，大家的表情都很平靜，彷彿並沒覺察到玉龍的異樣。馬可再一低頭，玉墜的光芒迅速消失不見了。

「大家都沒發現甚麼嗎？好吧，我先別聲張了。」馬可心想。

「父親，為甚麼有的人不太相信你們說的話？」馬可不動聲色地換了一個話題。

尼科洛解釋道：「因為中國和威尼斯畢竟遠隔千山萬水。太新鮮太不一樣的事物，會引起大家的好奇，也會招來更多的懷疑。」

「下次，帶上我吧！我也想去看看神祕的中國……」

還沒等躍躍欲試的馬可把話說完，尼科洛就讓他斷了這個冒險的念頭，厲聲說：「想都別想！」

不知道是被父親嚴厲的語氣嚇到了，還是因為自己的請求被否定了，馬可嚥了一口唾沫，把剩下的話吞進了肚子。他默默地垂下頭，只是忍不住用眼角去瞟桌上的地圖。

半夜，躺在牀上的馬可・孛羅睡意全無。

一想到白天父親、叔叔談論的新鮮事，又想到父親不肯帶上自己出遠門，輾轉反側。

馬可不由自主地撫摩着今天剛收到的玉墜。白天沒有仔細觀察，藉着月光，馬可發現玉龍握在手心非但不是冰涼的，反而有絲絲溫熱，溫潤的質地在夜裏閃出一片柔光。

馬可摸着摸着，一陣睏意襲來，連天的哈欠中，馬可沉沉地睡去。

　　夢中，獅子馱着馬可飛越威尼斯的海面，疾風驟雨迎面而來。他緊緊箍住獅子的脖子，低頭躲進牠的後背。獅子柔軟的長鬃幫他擋住了寒風。越過海洋，他們飛到沙漠上空，這裏乾燥而炎熱。緊接着是崇山峻嶺，最後飛到了一扇巨大的刻有中國飛龍圖案的大門前。隨着大門緩緩打開，迎着耀眼的光芒，連成一片的巍峨宮殿展現在眼前⋯⋯

　　「醒醒，快點兒醒醒！」

　　姨媽在馬可身旁叫嚷着，一把掀開了他的被子，也打斷了他的美夢。

　　「總督召見你們，快起來！」

　　甚麼？總督召見？馬可打了個激靈，利索地跳下了牀。

　　迎着朝陽，海風拂面，前面的父親和叔叔輕快地往總督府方向走去，跟在身後的馬可一路走，一路自言自語：「總督又要見我們？」

　　「這算甚麼，總督要召見，總有他的理由。」馬泰奧淡定地撇撇嘴，卻也難掩嘴角的一絲笑容。

　　「也不知道總督的想法和我們的願望是否一樣。」已懂得世事難料的尼科洛扭頭

看看弟弟，又轉頭看着總督府方向。陽光刺眼，尼科洛頓了頓又說：「我們的命運總是掌握在有權有勢的人手裏，這也不是第一次了，快走吧……」

祕書長早已在總督府門口等候迎接。

尼科洛、馬泰奧和馬可進入會客廳後，總督友善地向他們點頭問候，示意祕書長退下。祕書長畢恭畢敬地欠身，退出會客廳，臉上掠過一絲不滿的情緒。

「聽着！」總督向尼科洛解釋，「目前有一些議員比較墨守成規，他們不了解時局狀況，也不想冒險。所以單獨請你們來，聽你們的想法。」

尼科洛奮力點頭，表示同意。

「我建議開通商貿往來！中國的大汗非常希望了解我們，和我們開展友好往來！」

總督聽罷點了點頭：「說實話，我也對東方國度很有興趣呢，很想了解一下那裏的風土人情。」

瞄了一眼周圍，平日向來威嚴鎮定的總督難得露出一份發自內心的激動。

「實不相瞞，當年你們啟程出發的時候，我可是特別羨慕啊！所以，這一次，我要用自己的資金來資助你們，我願意幫助你們重新出發，前往中國！」

甚麼？！尼科洛和馬泰奧兄弟倆簡直不敢相信自己的耳朵！他們都愣住了，等反應過來才想起鞠躬拜謝：

「謝謝大人！感激您的信任支持！」

總督指了指身邊桌子上金光燦燦的威尼斯金獅雕像：「這個，我希望你們能把它帶給中國皇帝，向他展示我們威尼斯人締結友好關係的決心和意願。」

「這份禮物，再好不過了！」馬泰奧對總督的決定無比贊同，「您的這份禮物一定會被中國皇帝視為珍寶的！」

一直站在父親和叔叔身後的馬可伸長了脖子，瞇着眼，仔細看着金獅雕像，自

言自語地感慨：「哇，真漂亮啊！」

臨別時刻，總督特地叮囑一番：

「你們現在就可以着手準備了，不過不要引人注意，準備好了就盡快啟程！平日裏要當心躲在暗處的壞人……」

就在此時，馬可·孛羅不知從哪兒借來一份勇氣，上前一步，謹慎而堅決地對總督說：

「大人，我，我能請求您一件事嗎？請您，請您說服我父親，帶上我一起出發吧！求您了！我也想去中國！」

因為緊張的緣故，馬可·孛羅的小臉兒漲得通紅。總督慈祥地看着他，笑瞇瞇地轉向尼科洛。

尼科洛為難地皺起眉頭：「總督大人，這遠行途中處處兇險，馬可·孛羅還太年輕……」

「親愛的尼科洛。」總督面帶微笑，卻也帶着恩威並施的語氣，「就讓馬可跟隨你們一起出門吧！你要記住，你們都是威尼斯的子民，而威尼斯的子民都流淌着遠行的血液！你的妻子已經不在了，唯一的兒子，還不帶在身邊嗎？」

一聽到妻子，想到之前遠行的損失，尼科洛再也不能拒絕了！他點點頭，微笑地看着兒子，滿眼深情。雖然內心擔憂兒子即將面對的險境，但是至少，能陪伴在他身邊，還是幸福的。

「謝謝總督大人，謝謝父親！」馬可歡呼雀躍起來。

退出總督府，馬可跟着父親和叔叔來到威賽的住處，四個人一起分享總督大人這令人激動的指示。

當晚，又興奮又自豪的馬可想到要告訴的第一個小夥伴是多娜塔。

馬可獨自出門，開心得合不攏嘴。他向每個路人微笑、打招呼，輕快地跨越橋樑，來到市集廣場邊。這一路的建築和人們彷彿都籠罩在迷人的光線中。

不出所料，他在廣場上看到了多娜塔，於是小聲招呼着她，來到一條僻靜幽暗的巷子裏。

「馬可，甚麼事這麼神祕？」

「我的父親又要出發，去東方探險！」

沒等多娜塔反應過來，馬可緊接着說道：

「這次不一樣，這次還有我！」說完馬可仰了仰腦袋。

「甚麼意思？」多娜塔顯然沒有理解小夥伴的言下之意。

想到白天總督大人的叮囑，馬可和多娜塔悄悄地咬耳朵說道：

「我要幫他一起為遠行做準備，但是聽說有壞人在我們周圍，會有危險⋯⋯」

剛說到這兒，馬可突然感受到胸前的玉墜在顫動，低頭一看，玉墜在輕微地閃爍。

怎麼了？

馬可猛一抬頭，才發現因為之前一直目不轉睛地看着多娜塔，而沒有留意她身後的兩個黑衣人，慢慢向他們靠近。

「不許動！」黑衣人近在咫尺，他們一邊靠近，一邊輕聲威脅。

馬可四下尋找可以防身的武器，無奈只抓到了一根木棍。

「別怕，我們只是想和你倆聊一聊。」黑衣人繼續逼近，陰陽怪氣地說話。

馬可和多娜塔雖然年紀小，但一看這樣的架勢，也知道來者不善。他們快速地交換了眼神，馬可奮力將手中的木棍朝黑衣人扔過去，兩人轉身極速狂奔。

黑衣人見狀追了上來。

夜幕中，馬可和多娜塔拼命奔跑，穿過各條巷子，越過橫跨在運河之上的橋樑。夜色下的城市籠罩在一片寂靜之中，但他們身後急促的腳步聲格外刺耳。黑衣人越追越近，令人害怕。

馬可拉着多娜塔的手，氣喘吁吁地說：

「加油！再跑快點兒，我們就可以甩掉他們了！」

兩個小夥伴奮力地逃命，他們自小熟稔城裏所有的街道角落，即使在夜晚也不會迷路：「馬可，往這兒跑，我知道我們可以躲哪兒！」

穿過一座拱門，他們來到一片面向大運河的空地，那裏正好有一個倉庫，倉庫門前堆滿了剛卸下來的巨大木桶和箱子，滿滿當當的箱子之間的縫隙，正好給他們提供了藏身之處。

「就這兒，馬可！趁他們還沒到，趕緊鑽進去！」

黑衣人追到了空地上，兩個孩子轉眼不見了。他們四下找尋，微弱的光線下，他們的影子在空地上被拉長了，距離馬可和多娜塔並不太遠。

馬可和多娜塔躲在箱子的空隙中，手拉手緊緊地挨着，屏息凝神，一口大氣也不敢出。

「喵嗚……」遠處傳來一聲貓叫。

「該死的貓！」黑衣人壓低了聲音抱怨。

為了不驚動四周的居民，黑衣人悄悄地往前方繼續尋找兩個孩子的蹤影。

隨着腳步聲越來越遠，運河裏海水拍打岸邊青苔的聲音漸漸清晰起來。

兩個人終於長長地舒了一口氣。馬可撫摩着胸前的玉墜，心裏充滿感激，原來這枚來自中國的玉墜有這麼神奇的力量。

「太嚇人了！真奇怪，這些人是誰啊？」作為一個小姑娘，多娜塔顯然被嚇得不輕。

聽到多娜塔說話，馬可才回過神，說：「誰知道呢！可能就是我剛剛說的壞人吧……」

多娜塔還是很疑惑：「可為甚麼要追我們？」

馬可聳了聳肩膀說：「我也不知道。你還記得以前的生活有多平靜嗎？從今往後可要熱鬧嘍！」

「你這麼喜歡熱鬧？難道還希望被人追？」多娜塔笑嘻嘻地瞪着身邊的小夥伴。

馬可自言自語道：「今晚可能只是個開始⋯⋯」

逃過這從天而降的危險，雖然我看起來很平靜，但其實非常緊張。剛剛奔跑的時候，我的心臟就突突地跳個不停。

直覺讓我相信今晚這場莫名其妙的追蹤，只是一個信號，序幕拉開的信號。

我也不知道今後會面對甚麼。

第三章
敵人的陰謀

最近這些天，我一直很忙碌。按照總督的吩咐，我們一邊準備遠行的物資，一邊還得留心着不引人注意，這可並非易事。

所有採購最終的交貨時間都在夜晚，一切都在按部就班地悄悄進行着。

威尼斯是一座水上城市，四面環海，城內也遍佈河流，貢多拉是最方便的交通工具。也正是因為這樣，貿易往來主要靠水路，商販會在每周一次的集市上，從周邊各個地方運來最新的貨物和當季的果蔬，滿滿當當的在市中心的廣場上擺起來。伴隨着小販的高聲吆喝，城內的居民紛紛趕來，沒一會兒就把集市圍得水泄不通。

兩個年輕、矯健的身影在人羣中敏捷地穿梭着，那是馬可和多娜塔。

商販們的叫賣聲此起彼伏。

「老闆，我們要可以長期存放的、品質最好的食物！」擠到一個堆滿食材的攤位前，多娜塔搶先開了口。

「而且，要最好吃的！」馬可緊跟着提出自己的要求。擁擠的人羣讓小伙子熱得開始滴汗，他抹了一下額頭的汗水，又捂了捂腰間鼓鼓囊囊的錢袋子，補充了一句：「還不能太貴的！」

懷揣父親給的一袋子金幣來採購食物，馬可第一次覺得逛集市那麼有趣！

「我家的乳酪你們就放心吧，那些出遠門航行的水手都在我家買！」老闆得意地說道，「這奶酪發酵時間越長，味道越好！要不你倆嚐嚐？」

馬可高興地接過老闆切下的一小塊乳酪，扔進嘴裏：「真好

吃！好吃得說不出話來！」

「哈哈，小饞貓一樣！」多娜塔抿了抿嘴，笑了起來 ，「老闆，還有其他甚麼可以推薦的嗎？我們要放得久，好吃又不貴的！」

店家報菜名一樣地羅列出他們的貨品：

小麥、蜂蜜、橄欖油、鹽醃魚乾、風乾辣椒⋯⋯

「不好意思！不好意思！」就在馬可和多娜塔一邊興致勃勃地挑選食物，一邊討價還價時，一個男子不經意地撞了過來，他低着頭，穿着很普通，但身材很結實。「沒事，不要緊。」馬可也客氣地回應了一句。

突然胸口一陣抖動，玉墜又顫了起來！馬可順勢低頭，發現褲腰帶上的錢袋子不見了！轉身看到剛剛撞了自己的男子，正緊張地回頭看自己，然後一溜煙跑了起來。

壞了！是小偷！

「抓小偷啊！你別跑！」馬可不假思索地追了出去。年輕但挺有腳力的馬可，跑起來可不比成年人慢，不一會兒就追上了小偷。馬可猛地抓住小偷的衣角，小偷一個趔趄沒站穩給扳倒在地，膝蓋磕着地面，疼得爬不起來。

「你為甚麼偷我錢包！」馬可用手肘和腿抵着地上的男子，奪回錢袋，厲聲呵斥。

大老遠傳來了警衛隊的哨聲，小偷慌張起來：「原諒我吧！馬可！我上有老下有小，求求你放過我吧⋯⋯」

馬可聽了立刻皺起眉頭，心生疑惑：「說！到底誰派你來的？」

「求你放過我吧！」苦苦哀求的小偷眼裏閃過恐懼的神情：「警衛隊抓住我的話，那些人會殺了我的，馬可，求你了！⋯⋯」

眼前顫抖着哀求的男人，讓馬可有點兒心軟，他放鬆了手肘和腿，小偷便乘機掙脫，跌跌撞撞地混進人羣消失不見。

這人是針對我來的！他不是隨便挑了個路人下手，甚至知道我的名字啊！

馬可心情沉重起來⋯⋯

結束今天的採購，馬可趕緊跑回家，和父親稟報了早晨的遭遇。尼科洛聽了，有點兒心疼兒子：

「馬可，只要你沒事就好！錢被偷不打緊，有人衝着我們來，我推測主要是衝着我。」

尼科洛輕輕歎了口氣，拍了拍兒子的肩膀說：「一直讓你替我跑腿，採購工作本不輕鬆，應該我去忙，不過總督大人囑咐了要低調，由你跑前跑後不容易引人注意，結果你還是被盯上了……」

「父親，沒事！您看，今早我沒事呀！能幫到您，我特別高興，這是積累經驗的好機會，我求之不得呢！」馬可昂昂頭，挺胸顯出一副自豪的模樣，「父親，不說早上的事了，能不能再讓我看一下你們的地圖？我想準備得更充分一點兒。」

尼科洛接受了兒子的請求，起身走向存放地圖的櫥櫃，解釋道：

「那地圖對遠行特別有幫助，沿途各地都有標注，非常詳細。你出發前好好研究一下也是應該的。」

「地圖呢？」尼科洛突然驚訝地發現櫥櫃裏的地圖，不翼而飛了！

「我明明放櫃子裏的！」尼科洛開始着急起來。顯而易見，地圖丟了！家裏進賊了？可是為甚麼只偷了地圖……

寂靜的深夜，威尼斯主幹道的街角點起微弱的煤油燈，燈光平靜地映在河道的水面上，隨波蕩漾。

馬可心事重重，埋頭沿着河道前進，準備去威賽叔叔的住處，告訴他家裏地圖失竊的事情。父親叮囑他晚上再去說，以免白天動靜太大。走着走着，馬可拐進了一條光線昏暗的小胡同裏。

突然，從暗處躥出一個黑衣男子，迎面而來擋住了去路。

馬可禮貌地側身讓路，往河道一側挪了兩步，準備繼續前行。

黑衣人並不理會，反而向他逼近。

「你想做甚麼嗎？」馬可瞬間想起前些天尾隨追趕他和多娜塔的黑衣人，想躲開，卻為時已晚。

近在眼前的黑衣人，趁馬可猶豫的剎那，一記重拳打在他的肚子上。毫無準備之下，馬可被打得措手不及，疼得捂着肚子，來不及叫喚，也直不起身子。

站直了才勉強到黑衣人肩膀的馬可，這一躬身，還不到對方胸口的高度。黑衣人抬起腳，趁馬可無力反抗，在他胸前用力一蹬，直接把他蹬進了運河之中。

「嘿嘿，小子，告訴你父親，如果他想保全自己和兒子的性命，就老老實實待在家裏，別想着去遠行！今天這不過是個警告，再有甚麼，自己負責！」

拋下一句惡狠狠的話，黑衣人又發出陣陣怪笑，轉身消失在霧氣濃重的夜幕之中。

一頭跌落運河中的馬可掀起高高的水浪，他一邊咳嗽吐水，一邊努力向河道另外一側游去，氣喘吁吁地爬上路邊。回想剛才毫無招架之力的場景，馬可不禁一陣羞愧！

先去威賽叔叔家，告訴他旅行地圖不見了，然後趕緊回家告訴父親黑衣人襲擊了他！打定主意的馬可顧不得剛上岸的寒冷，藉着月光加快了腳步。

夜幕中，幾名議員先生不坐馬車，不從正門通報，悄沒聲兒地徑直從偏門走進議員大人珠萊尼格豪華的大宅。這一切被正往威賽家趕路的馬可看到了。

　　「叮……」此時胸前的飛龍玉墜突然抖動起來，脖子上有一股力量拽着濕漉漉的馬可悄悄靠近大宅。

　　廣場鐘聲「鐺鐺」地響起，換班的時間到了。

　　守衛大宅四周的衛隊，統一列隊撤回到正門，等着新上崗的守衛。

　　列隊、敬禮、交接、回禮……這一系列的換班儀式正好給馬可一個時間空檔，他趁着黑夜一溜煙來到側門。面對高高的外牆，馬可仔細觀察了一番：珠萊尼格議員真是財大氣粗，他家的宅子擁有大理石的立柱，裝飾繁複，正好可以倚靠攀爬！

　　馬可身手靈敏矯健，他咬咬牙，不一會兒工夫就爬到了二樓。夜色掩映，又有陰影凹凸，馬可沒那麼容易被發現。他大氣也不敢多喘，趴在二樓窗邊，小心**翼翼**地探出一點點腦袋，往窗裏張望。

　　運氣真不錯！這窗戶就開在會客廳，可以清楚地看到珠萊尼格大人和其他剛進入屋子的議員。

「大家聽着！」珠萊尼格大人清了清嗓子說，「亨羅兄弟的地圖，在我手裏！」

「甚麼？！地圖！我家的地圖！」馬可的心都提到了嗓子眼──原來是珠萊尼格大人在使壞！

眾人紛紛鼓掌，還有人提議乾脆燒毀地圖。

「暫時不着急毀了它，這地圖上有很多細節標注，沒準兒將來我們也用得上。」珠萊尼格大人否決了這提議。

他緩緩地走到會議室書架邊，停下了腳步。書架上擺着一堆羊皮書卷，他看似漫不經心地把地圖擱在其中。書架上有個格外精緻的小擺設，珠萊尼格大人順便也把它往裏面推了推。

收拾完一切，珠萊尼格大人轉過身來，嘴角帶着一絲得意的笑容：

「各位，我們正在拯救威尼斯的未來啊！」

在場的同僚們個個諂媚地附和：

「對！我們要保護好好不容易才控制住的商路！」

「讓愚蠢的總督大人破產去吧！」

「珠萊尼格大人，請您繼續領導我們吧！我們一定聽您的吩咐……」

眾人一番慶祝後，陸陸續續地退出會客廳。

目睹一切的馬可做了個冒險的決定！他手撐窗沿，翻身躍入空無一人的會客廳。

「雖然我擅自闖入別人家，但也是珠萊尼格大人先做賊，偷了我家的東西，我只是想辦法拿回來罷了！」

馬可自我安慰着，悄悄來到書架邊。他一層一層仔細翻看書籍物件，終於在一堆標注着地中海的羊皮地圖中，找到了父親的地圖。

輕而易舉嘛！

馬可一陣激動，不假思索地抽出了地圖──突然，腳底的木板分成兩塊，露出了一個通道！

「啊……」

馬可腳下一空，瞬間垂直下落，感覺像掉落在一口深井之中。為了減慢下落速度，他還盡力用腳和膝蓋抵住井壁，疼得齜牙咧嘴，最終還是重重地落在了底部。

原來，書架上的小擺設，是珠萊尼格大人設置的機關！

馬可一落地，就知道自己上當了，全身上下像是骨頭散了架的疼痛，但是他死命咬緊牙關沒發出一點兒聲音。馬可捂了下胸膛，深呼吸平復了一下心情——幸虧剛才地圖被牢牢地抓在手裏，現在也一起掉落到坑底的泥地上。他趕緊把地圖仔細塞進衣服的內袋。

馬可稍稍環顧了四周，發現這裏沒有絲毫光亮，而且陰暗潮濕，牆上和地板上有一層青苔，還有濃重的腐敗的味道——應該是地下室了。

「既然這是個陷阱，那聽到有聲音，一定會馬上有人來。」他心想道。

果然，遠處傳來了腳步聲，隱約還有兩個男人說話的聲音。不一會兒一絲火把的光亮，把兩個拉得極長的身影投射進了地下室，也帶進來了一點點的光亮。眼看兩人越走越近，馬可也顧不得害怕，立刻鑽到一個腐臭味道最重的角落，脫掉了自己的鞋子，抓起一大把地上的苔蘚，混着牆角不知道是哪裏來的淤泥和木屑，就往自己臉上、腳上、手上、身上抹，然後就勢倒下，一動不動。

沒一會兒，腳步聲在離馬可不到幾米的地方停下，只聽到一個結結巴巴的聲音說道：

「哪，哪有人啊？這麼臭，哪有人啊？你喝醉了吧！」

「不會吧？這才喝了多少？」另一個沉沉的聲音疑惑地說道。

「你，你別給我裝醉，每，每次打牌打輸了你都裝醉！」還是那個結巴的聲音在說。

「誰裝醉了！」沉沉的聲音不服氣！

大結巴這時候好像舌頭也不結巴了，緊接着說：「得！沒醉最好，我們接着打牌！」說完只聽得兩人推推拉拉，腳步聲越來越遠。直到聽見一聲沉重的關門聲，馬可才抹了一把臉上的髒東西，像幾個世紀沒有呼吸一樣深吸一口氣，慢慢站了起來。

馬可不由自主地撫摩胸前的玉墜——飛龍啊飛龍，給我力量吧！慢慢地，玉墜溫暖起來，心底湧上一股無名的力量——我可以的！一定可以逃出去的！想到家人，馬可激起一陣信心。

隨着玉墜逐漸溫潤，它在黑暗中閃爍出微弱的熒光，儘管光芒稀薄，馬可還是勉強可以看清眼前的場景。

馬可在黑暗中摸索着，地下室的盡頭有一段長長的樓梯，數不清的台階。馬可拾級而上，發現了一扇厚實的木門！馬可用盡全力去推，可木門紋絲不動。

赤手空拳顯然不行，馬可重新走下台階，用雙手一寸寸地觸碰這座地窖的牆壁，在堆積着早已發霉的箱子和地上纏繞着的生鏽的鐵鏈之間尋找逃生的希望。

在牆角——馬可發現了一個像保險櫃一般大小的箱子！

發霉的箱子貌似並不堅固，馬可用盡全力出拳砸了下去！失望，裏面只躺着幾枚錢幣。唉，都這個時候了，錢幣有甚麼用呢，逃命才是當務之急！

馬可繼續搜索，繼續尋找……

又一個大箱子！

第二個大箱子也早已被地窖潮濕的空氣和蛀蟲腐蝕了，沒費多大勁兒馬可就把它打開了——天哪！一整箱的鑰匙！各式各樣：方的、圓的、三角形、扁平的、凹凸的……眼花繚亂。

「或許，這裏有一把可以打開大木門？」馬可想着，「可是這麼多，一把一把地試過來，得試到猴年馬月……」

馬可低頭看着這一堆模樣差不多的鑰匙，開始焦慮起來，手心冒汗。閃光！胸前的玉墜突然閃過一道比之前耀眼一些的光！——瞬間，在這堆鑰匙裏，有一把映襯着玉墜的反光閃爍了一下，就那麼一晃而過！

馬可不假思索地抓住這把鑰匙——就是它了！

馬可再次沿着長長的台階往上，走到盡頭，停下腳步，屏住呼吸，將鑰匙插進大門的鎖孔裏，小心**翼翼**地擰着鑰匙。剛開始有點兒生澀，再用力扭轉幾下，大門的鎖芯咯噔一下——開了！

　　不敢過於聲張，馬可輕輕地將門拉開一絲縫隙，張望了兩眼，原來這門就隱蔽在會客廳書架後面的牆壁上。外面大廳隱約傳來一陣衞兵的巡邏聲，見會客廳無人，馬可三步兩步，從剛剛進來的窗戶重新翻爬出會客廳，貼着外立面，大氣不敢出一口。

　　「來人啊，有小偷！」珠萊尼格大人的宅子內傳來一陣嘈雜聲。

　　「你們去殿內支援！剩下的人去正門和後門查看！」衞兵隊隊長指揮着手下。腳步聲，兵器聲，一陣凌亂。

　　趁這混亂的場面，馬可雙手抱着大理石立柱，麻利地從二樓落到地面。不多逗留一秒，馬可捂了捂衣服內袋中的地圖，使盡全力往家跑去……

　　一輪明月掛在天空，照耀着整座威尼斯，我多麼希望這寧靜的風景能一直延續下去。

　　地圖意外失竊，所幸又被我無意發現，取了回來。還沒啟程就碰到了這麼多的阻撓——未來的旅途，還能一帆風順嗎？還有怎樣的危險在等着我們？

第四章
揚帆起航

父親看到失而復得的地圖，忍不住誇我。又風平浪靜了幾天，我繼續早出晚歸地奔波着。雖然還沒確定出發的日子，但我內心總是充滿了期待。

　　這段時間，幾乎沒甚麼機會和小夥伴們打鬧玩耍了。賈科莫是我的死黨，我倆從小一塊玩耍，一塊長大，情同手足。

　　特別感激他，要不是他，我們甚至都沒法啟程……

貢多拉載滿了新鮮蔬果，如往常一般，賈科莫把船停泊在廣場邊的小碼頭。珠萊尼格大人家的豪華官邸也在廣場上。

珠萊尼格大人家靠近運河的一側，一排精美的窗戶向河道敞開，每扇窗戶四周都圍繞着不同的裝飾立柱，挺拔而有氣勢，柱頭之上還有細緻的大理石雕刻的樹葉花卉，每處細節都彰顯着大議員的財富。

耀眼爭光的窗戶裏飄出勃然大怒的聲音，吸引了賈科莫的注意。想起前些天馬可偷偷告訴自己家裏地圖失竊的事情，賈科莫每次路過珠萊尼格大人的大宅的時候，總是份外留心。

　　正好是午飯時間，賈科莫裝模作樣地把貢多拉往岸邊一靠，拿着早上從家裏帶出來的午飯，走上岸朝着大宅邊走邊吃，最後靠在大宅的窗下休息。

　　隔着窗子賈科莫隱約發現有個人唯唯諾諾地站在珠萊尼格大人旁邊。定睛細瞧——這不是總督大人身邊的祕書長嗎？！

　　「該死的！」珠萊尼格大人明顯氣急敗壞，不過他馬上壓住了自己的情緒故作平靜地說：「你匯報的行蹤對我們很有用，他們談話的內容，你真的都沒聽到嗎？」

　　祕書長低頭回答：「很可惜，大人，我真的沒有聽到……」

　　「那現在總督大人對我，我是說我們，有沒有起疑心？」珠萊尼格大人略微皺起了眉頭。聽到否定的回答後，他才對祕書長滿意地點了點頭：「很好！一切都搞定後，我們會記住你的貢獻，你也會得到相應的回報！現在退下吧。」

　　總督祕書長恭敬地垂下頭，退出房間。

　　珠萊尼格大人捋着鬍子，慢慢地自言自語起來：「孛羅兄弟對我的事業真是個威脅！如果再成功開闢一條商路，那一切都得重新洗牌！那些高利潤的商品控制權……」他瞇起眼睛，露出狡猾狐狸一般的神情，「嗯，這回要先行動起來！」

說完，珠萊尼格大人對着房間的黑暗角落吹了聲口哨，一會兒從角落處走出一人，中等個頭，中等體形，穿着普通的衣服，怎麼看都像大街上的一個普通行人，無法引起別人的注意。但唯獨一點引起了賈科莫注意，那就是這個人的左手沒有小指。

　　這人現身的同時，彷彿把一陣陰風也帶進了屋子，紗幔窗簾隨風飄蕩起來，讓人有種不寒而慄的感覺。

　　「大人有甚麼吩咐？」

　　「聽着！」珠萊尼格大人嚴厲地說，「孛羅兄弟在威尼斯攪得人心惶惶，之前你做的那些還遠遠不夠！」他一邊說，一邊打開了櫃子中的保險箱，掏出一袋沉甸甸的錢袋子，「最好讓他們從此消失，免得壞了我的好事……」

　　四指男人已經無法將視線從那錢袋子上移開：「大人，您的意思是讓孛羅兄弟……」說到這裏，他舉起手，在自己的脖子上比劃了一下。

　　珠萊尼格大人擺擺手。

　　「不用解決所有人，否則動靜太大了。解決尼科洛一人就夠了，其他幾個不過都是跟班隨從。」珠萊尼格大人搖了搖手中的錢袋子，繼續吩咐，「我不想知道你是怎麼辦的，這是報酬，完事了還有重賞！」

　　四指人順勢接過錢袋子，麻利地塞進口袋，諂媚地哈腰：「大人放心！乾淨俐落！」

　　這可是要出人命啦！怎麼辦？！躲在窗外的賈科莫目睹這一切後，嚇得不輕。

　　一場全新的人生旅程，就要在馬可面前開啟，探索未知疆域的旅行，着實讓人興奮不已！

　　馬可一邊迫不及待地期盼出發，一邊又不捨得和親愛的夥伴告別，內心五味雜陳，情感複雜。

　　夥伴圍聚一圈，唯獨不見賈科莫和多娜塔。馬可倚靠在噴泉池子邊，得意地告訴夥伴是總督命他跟隨父親出征的。

　　「你馬上要走了嗎？」

不知甚麼時候，多娜塔出現在馬可·孛羅身後，咬着嘴脣問道。

一聽到多娜塔的聲音，馬可快速地轉過身來，張嘴想告訴她：「別急，只是出一趟遠門，用不了多久，很快會回來的！」話到嘴邊，卻突然噎住了，那麼遠的旅程，他並不知道未來會怎樣，更不知道甚麼時候才能回來。馬可沉思着，用手指扯着衣角繞圈圈，不知怎麼回答好。

多娜塔直直地盯着馬可，顯然她沒有等到期望的答案。

就這麼四目相對了一會兒，馬可想到在這臨行時刻，或許只能用一個溫暖的擁抱來替代千言萬語了。可是伸手剛剛碰到多娜塔的肩膀，她就黑着臉扭了扭身子，往後退了一步，瞬間淚水充盈了眼眶。

「馬可，我知道你要走，可是，可是我還不想和你說再見……」多娜塔猛地轉身，拋下一份帶着哭腔的不捨，跑着離開了從小一起玩耍的夥伴。

馬可轉過身，看了看身後的夥伴，無奈地垂下頭來，對不起，多娜塔，對不起，朋友們，我要追隨父親去東方……突然間，有一種未曾有過的傷痛，從心底開始蔓延出來。

　　這天晚上，尼科洛在船長的陪同下站在船舷上，討論着一些出發前要注意的事項。

　　尼科洛一邊聽着，一邊意識到，這是真的要出發了。他將再一次離開腳下這片剛剛返回不久的土地，再一次踏上旅途。

　　船長對尼科洛久仰大名，對他充滿了尊敬。

　　「總督大人親自囑咐我要好好為您服務，我會盡力做到最好⋯⋯」

　　「太謝謝您了！我剛檢查了貨物，一切都歸置妥當。」

　　「這一切都是您兒子馬可・孛羅的功勞！他可是一個很棒的小伙子啊⋯⋯」

　　尼科洛為兒子自豪，只是不願在旁人面前表露出來，謙虛地說：「他只是個孩子，還沒甚麼經驗⋯⋯希望如此吧！」

　　船長向着大海的方向遠遠眺望着，迎風對身邊的尼科洛說：「如果風向順利，明天一早黎明時刻，我們就出發！」

　　經驗豐富的尼科洛，同樣遠眺天邊，自言自語：

　　「我覺得這天象看起來有利啟程⋯⋯出發之前，今晚我要在自己家的牀上，美美地睡一覺！」

「馬可，我們要好好談一談……」

正拿着清單清點貨物的馬可被這突然傳來的聲音嚇了一跳。回頭一看，是賈科莫和威賽叔叔。

威賽面露擔憂：

「是很嚴肅很嚴重的事情！賈科莫，你來說吧……」

賈科莫支支吾吾：

「馬可，我今天……聽到了一些消息……」

性急的威賽打斷了賈科莫：

「你父親有危險！」

馬可看着兩個人的表情，聽着他們說的話，心一緊：

「快！快說！究竟怎麼了？」

賈科莫環顧了四周，附在馬可耳邊，把之前在珠萊尼格大人家窗外聽到的一切，都悄悄地告訴了他。

　　馬可一聽就急得跳了起來：

　　「必須馬上告訴我父親去！」

　　賈科莫立馬阻止了他：

　　「別別！你父親已經有很多事情夠煩惱了，我們不要添亂，不要讓他擔心，威賽說了，我們來想辦法解決這事！」

　　「我們該怎麼做呢？」

　　威賽心中已經有了大概的方案，向馬可·孛羅解釋：

　　「我現在來負責盯着我們的船，看你父親有沒有下船……」

　　然後他壓低聲音，把面前的兩個小伙子拉到胸前，保證不讓第四個人聽到他們的談話……

　　一番耳語之後，馬可和賈科莫都信服地點點頭表示同意，賈科莫跳上了自己的貢多拉，慢慢地划走了。

　　尼科洛和船長又討論了一小會兒，便下了船，一邊不停地思索着即將開始的旅程，一邊往家的方向走去。

　　馬可和威賽在暗處，悄悄看着尼科洛，遠遠地跟着他。

　　夜越來越深，四周越來越安靜，只聽到尼科洛咯噔咯噔的腳步聲，落在無人的街巷上。

　　馬可和威賽在暗夜中繼續跟隨，努力不被發現，就這樣又往前走了一會兒。突然間，馬可胸前的玉墜再一次甦醒過來，輕微地顫動發光。

　　馬可已經非常熟悉這樣的感覺，他不再遲疑，立刻提高了警覺性。

　　馬可環顧四周，看見前面不遠處一座房子的陰影中，閃出了一個人，他悄無聲息地尾隨自己的父親。

　　馬可想到賈科莫的叮囑，一眼就認出了他的身份，左手沒有小指！馬可向威賽使了個眼色，壓低聲音：

　　「就是他，那個人，他在跟着父親，就是他！」

威賽點點頭說：

「好，我知道了，馬可，我們當心點兒……」

尼科洛沿着僻靜昏暗的小巷，繼續往家走去。明天就要啟程了，還有最後一些行李要收拾。

四指人像貓一樣尾隨着他，為了不被尼科洛察覺，他總是貼着牆壁前進，尋找路上一切可以藏身的陰影和暗處。

尼科洛絲毫沒有意識到自己身後有人跟蹤，更不知道還有另外兩個人在做同樣的事情。

正所謂──螳螂捕蟬，黃雀在後。

當尼科洛拐進了一條窄巷子，四指人臉上露出了一絲猙獰詭異的笑容，他嘴角上揚了一下，立刻改變了原本跟蹤的線路，轉身走進另外一條小路，彷彿是條捷徑。

發現這個動向，馬可低聲告訴威賽：

「看，他走了條近道！」

此時，屋簷邊不知從哪兒跳出來一隻黑貓，喵喵地叫了幾聲，在這寧靜的夜裏顯得格外清楚。

四指人聽到貓叫，警惕地停下了腳步，看了看四周，並沒有甚麼發現，便繼續快速地前進。

這回，輪到馬可和威賽，像之前四指人跟蹤尼科洛一般貼牆前進，躲在房簷等陰影處藏身，以便不被發覺。

四指人走近一座小橋，停下了腳步，躲在房子的陰影處，看着尼科洛即將到來的方向。

他從身後的披風裏掏出一把隱藏已久的弩箭，箭頭是鐵質的，足以一擊斃命！他拉滿弓弦，對準了尼科洛即將出現的巷口……

不遠處的馬可和威賽也停下了腳步，努力在黑暗之中分辨殺手的身形。只是夜太黑，殺手完全隱沒在陰影之中。

就在馬可和威賽無助的時刻，剛剛的黑貓猶如天降一般幫了大忙！牠從屋簷上喵嗚一聲躥了下來。

那四指人被這突如其來的闖入者嚇了一跳，為了驅趕黑貓也為了集中注意力，他小聲地朝黑貓吼了一下：

「噓噓！快滾！」

黑貓冷漠地看着四指人，張大嘴，叫得更加撕心裂肺。

四指人粗暴地驅趕黑貓，朝牠踢了兩腳，黑貓敏捷地躲閃開，繼續喵喵叫了幾聲以示抗議後才離開。

不遠處的馬可和威賽，終於可以分辨出四指人躲藏的位置。威賽向馬可示意：

「好了，我們上！」

馬可的目標就是四指人手中瞄準父親的弩箭，他一腳踢向四指人的手，弓弩立馬從手中飛了出去，箭也射向空中。

四指人被這意料之外的襲擊打亂了方寸。

一下子三個人都停了下來，因為沒有人想驚擾四周沉睡的居民，更不想引起巡邏隊的注意。

馬可對威賽的戰鬥力充滿信心，他相信威賽溫厚老實的外表下，隱藏着靈活而有力的出擊能力和移動速度。

同樣，四指人也是搏鬥的高手，他看了一下眼前的情形，準備先對付看起來最有挑戰性的威賽。

四指人先虛晃一招，然後以迅雷不及掩耳之勢用力打向威賽的胸膛。威賽早有防備，敏捷地躲過了第一拳。四指人再次閃電般出手，這次威賽來不及招架，被四指人惡狠狠地掐住了脖子，一點兒也動彈不得。

見威賽處處受限，馬可知道四指人不好對付，自己拼力氣也不是對手。馬可便一個箭步衝上前，雙手十指相扣，握成拳，舉到頭頂然後順勢朝四指人的左手腕砸下，似乎整個人的重量都集中在他的雙手。

那四指人左手本就有毛病，力量不夠強，又被馬可突然襲擊，「啊」的一聲，吃不住力，鬆開了卡住威賽的手。

即使失去了手中的武器，四指人還是能輕而易舉地反擊，他朝馬可伸出雙手，試圖用他的手指直戳馬可的眼睛。

威賽在旁邊，說時遲那時快，乘機用起在旅途中學會的招數：趁四指人不備，從後面拼盡全力抱住他。四指人被卡住動彈不得，只能做無用的掙扎。

馬可在地上迅速找到一隻空麻袋，敞開了袋口，對威賽說：

「威賽，這裏這裏，塞進去！」

威賽接受了馬可的建議，用盡全力將四指人一把塞進麻袋中，在袋口打了個死結。

四指人在麻袋裏奮力扭動着叫喚。

威賽一腳踢在扭動的麻袋上，威脅道：

「給我安靜點兒！」

麻袋裏的人繼續蠕動，但是聲音也在逐漸減弱……

整場戰鬥都進行得小心翼翼，尼科洛好像聽到了一些動靜，但是當他來到橋頭四處張望的時候，並沒有發現甚麼奇怪的事。

不願給尼科洛帶來更多麻煩的威賽，拖着麻袋，躲在黑暗的角落裏，假裝貓叫：

「喵嗚喵嗚……」

尼科洛對這貓叫並不在意，沿着小路繼續回家，他滿腦袋還是遠征前最後的準備和思量……

等他走遠了，馬可和威賽一起抬起麻袋，儘量小聲地向遠處偏僻的一條河道上的小橋挪動。

好不容易爬上了橋頂，兩人互相看了一眼，然後威賽朝橋底下打了一個呼哨。

「一、二、三……」

他們將手中的麻袋拋了下去。

眼看麻袋就要落進冰冷的運河之中，橋底突然出現了賈科莫的貢多拉！就像之前約定的一樣，他的船裝滿了垃圾，已在橋底恭候多時了。

麻袋掉落到船上的垃圾堆裏，正好有個緩衝，沒有驚起太大的動靜。

只有兩隻剛剛落在垃圾堆上覓食的烏鴉，被這從天而降的麻袋嚇到，撲棱一下飛向天空，呱呱亂叫。

麻袋裏的四指人，此時，也開始大聲叫喊起來：

「救命啊！啊！……」

賈科莫用槳戳了一下麻袋，他知道裏面裝的正是要謀害尼科洛的四指人，一點

兒也不心軟：「閉嘴！你只配和垃圾待在一起！不許叫！」

　　幾經折騰，麻袋明顯沒再有之前那麼大動靜了。

　　賈科莫的貢多拉緩緩划破平靜的河面，蕩起微微的水波，趁着凝重的月色，駛向潟湖……

　　儘管還是漆黑一片，黎明正在悄無聲息地靠近，在天際之間隱約泛起絲絲淺光。

　　街頭的燭火已快燃盡，微弱的光線映襯在淺淺的水面上。

　　按照總督的吩咐，旅行家們準備悄悄地啟程。

　　船隻已在港口停泊，孛羅兄弟上船指揮最後的準備工作，威賽帶領幾名船員將最後一批儲備物品搬上船隻。

　　只有馬可一人還站在岸邊，猶豫着，有點兒捨不得踏上甲板。從未出過遠門的他，這一次出門，不知何時才能再回到威尼斯。馬可內心五味雜陳，有興奮和期待，也有些許惆悵，他在尋找好朋友多娜塔的身影。

　　「馬可，上船啦！」

尼科洛站在甲板上朝岸邊的兒子招呼着。馬可聽從父親的命令，垂頭喪氣地走上船舷。

叔叔馬泰奧對着一臉沉重的姪兒，開導他說：

「我們敲鑼打鼓地回來，又悄無聲息地離開⋯⋯你看，這個世界就是這麼奇妙⋯⋯」

威賽背起最後一擔貨物上了船。

船員解開岸邊的繩索。船長下令：

「揚帆！起錨！」

所有船員都聽令操作，不一會兒工夫，順着風力，張滿了帆的船隻緩緩地啟航了⋯⋯

突然，馬可的眼神亮了起來。

看哪，遠處出現了一個熟悉的身影 —— 是多娜塔！是的！就是她！

「多娜塔！多娜塔！⋯⋯」馬可興奮地招手。

多娜塔朝碼頭飛奔，揮舞着雙臂：

「馬可！再見⋯⋯」

「跟朋友們說⋯⋯我會回來的！⋯⋯」

可惜，隔得太遠，兩人已經不能再多說些甚麼，也聽不清楚了。岸邊多娜塔的身影越來越小，但是那揮手道別的模樣，會一直牢牢印在馬可心裏！

一路順風，大船不一會兒便駛入了遼闊的大海⋯⋯

馬可迎接着第一道曙光的來臨，他依舊站在甲板上，回頭面向威尼斯，直到它消失在視線範圍內。

現在，再也看不見陸地了⋯⋯

「威尼斯，我的家，我會回來的！⋯⋯」

馬泰奧了解姪子內心的情緒，來到他身旁，拍了拍他的肩膀說：

「分離是痛苦的，我親愛的姪子，加油！我們出發是為了探索新的世界，等結束時你會發現，所有痛苦都是短暫的，停不下來的是你內心的探索。」

從那一刻起，我意識到，眼前發生的一切都是真的，持續數年的旅行，這才剛剛開始。

　　於是，我鼓起勇氣，站在船頭，瞭望四周，大海佔據了我全部的視線。

　　海風吹拂，旭日東升，代表了威尼斯的獅子旗幟迎風飄揚。

　　我感受到了內心深處的一個聲音，一種使命感的召喚，讓我勇敢地面對未知的將來⋯⋯

第五章
千湖之山
棉花堡

　　經歷了出發前的坎坷波折，我們一行人終於從威尼斯啟程。一路向東，沿着亞得里亞海，進入地中海，一路風平浪靜。

　　當海上的旅途臨近尾聲之時，突然變天了，我們的船隊遇到了暴風雨。

　　初陽從東方升起，一寸一寸將夜色推向了大海的深處。當陽光移到了馬可的眼睛上，他終於從前一夜的噩夢中醒來。

　　他起身揉搓了一下還在滴水的頭髮，用力地搖了搖頭，彷彿要把甚麼從腦子裏甩出去。但昨晚的一幕幕，還是在眼前揮之不去：那如山高的浪頭一個接着一個，把他們的船像皮球一樣地丟來丟去，即使馬可已經提前把自己和船的主桅杆緊緊綁在了一起，還是感到翻天覆地的眩暈，胃裏的食物一陣陣翻騰，哪怕他拼命地咬住牙，酸水還是忍不住從鼻子裏湧了出來。嘩的一聲，馬可再也忍不住吐了，他似乎

感覺膽汁都要被吐出來。

黑夜裏沒有一絲亮光，馬可已經分不清哪裏是上哪裏是下，只記得在被一個大浪甩暈過去之前，他藉着貫徹天地的閃電，隱約看到船頭似乎站着一個人，背影看上去像自己的父親。他居然只是這麼站着，並沒有抓住甚麼！然後，馬可就甚麼都不記得了，等再次睜開眼，就是這一抹黎明。

「海鷗⋯⋯海鷗⋯⋯」左舷甲板上的水手指着不遠處海面上空低飛的鳥兒，轉身大聲衝着大夥兒喊着。

「有海鷗，就意味着離陸地很近了。」馬可喃喃自語着，努力尋找海洋盡頭的陸地。清晨的海平面上，彌漫着一層薄霧，隱隱約約的，阻擋了視線。

又一會兒，太陽逐漸升起，薄霧消散。陽光撥開了天際的雲朵，已經在海上航行了許久的人們，突然發現海面盡頭出現了深色起伏的形狀，那是陸地！

停船登岸，馬可・孛羅一行人在馬市購買了旅途所需的馬匹，開始了翻山越嶺的陸地征途。

「你們聽到了甚麼聲音嗎？」

馬可聽到空中飄蕩着悠遠的音樂聲，和着微風。

好久沒聽見這樣的樂聲，馬可還沒等夥伴們回答，策馬揚鞭，向那聲音的方向奔去，他迫不及待地一看究竟。

不遠處的大樹底下，站着一位農夫，正吹奏那樂曲。身邊的姑娘隨着音樂翩翩起舞，羊羣圍繞着跳舞的姑娘，馬可感到眼前的一切如同一幅寧靜的油畫。

馬可不自覺地駐足欣賞，他不想打破這幅簡單美好的畫面。

不一會兒，父親尼科洛帶着整個商隊都到了。

吹樂的農夫首先打破這平靜的場景：

「你們好，外國人⋯⋯」

「您好，大叔。我們已經走了好久，想找個落腳點，請問哪兒可以讓我們在晚上搭個帳篷睡覺？」

農夫順手指了一下遠處：

「那片樹林後面，有一片可以遮風避雨的空地。」

「對的，那旁邊有條小河，順着河走就是棉花堡（註：棉花堡位於土耳其西南部），

　　很方便就能找到的。」跳舞的姑娘也熱情地補充了一句。

　　尼科洛謝過了農夫和姑娘，帶領商隊向農夫所指的樹林方向前進。

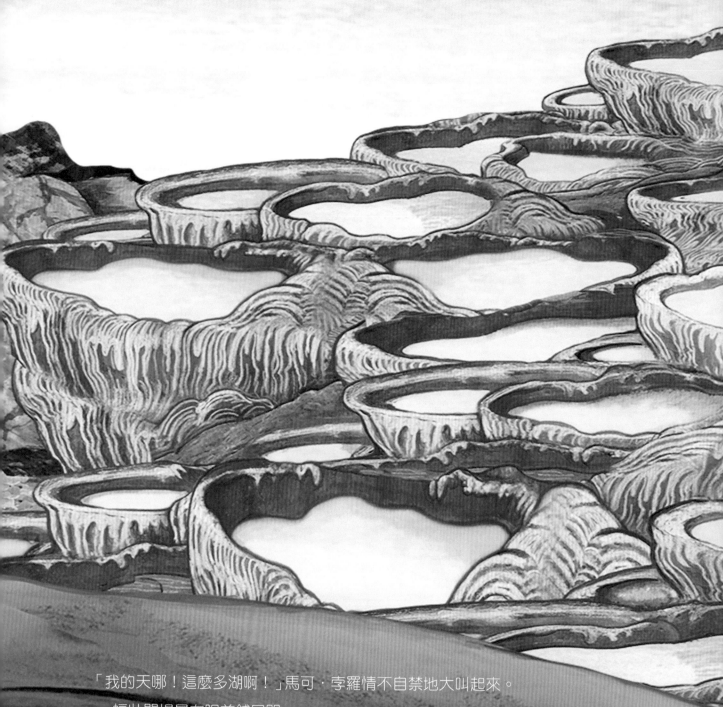

「我的天哪！這麼多湖啊！」馬可・孛羅情不自禁地大叫起來。

一幅壯闊場景在眼前鋪展開⋯⋯

整條河流順着山坡向下，一級一級地鋪散開來，像梯田一般，逐級形成了一個又一個的小湖面。地下的温泉水從山坡石縫間湧出，經過石灰石的鈣化，形成了層層疊疊階梯狀的半圓形的白色池子，而每個池子又盛滿了泉水，形成千百個錯落有致的小湖。遠遠看去，一個個潔白的湖面如同一朵朵棉花般柔軟而自然地堆疊，難怪它的名字叫「棉花堡」。

這一切都是那麼和諧，又是那麼夢幻。

大自然的神奇，讓整個商隊都驚歎不已。

安營紮寨完畢後，已到日落時分。充滿了好奇心的馬可和叔叔馬泰奧，沿着山坡，慢慢地靠近，想零距離地觀察一下眼前這不可思議的大自然美景。

伴着落日的餘暉，叔姪二人欣賞着潔白的大自然雕塑和秀麗風光。夕陽灑在整個棉花堡上，為湖面鍍上了一層金燦燦的光芒。

馬可忍不住輕聲感慨：「太美了！」

「這個世界充滿了美景和神祕的事物。」叔叔馬泰奧回應道，「你等着看吧……我們真正的旅途，才剛剛開始呢……」

「叔叔，你看我帶着劍，可我完全不會劍術，要不，你教我？」

馬可的要求合情合理，馬泰奧不好拒絕。他前後思量一番，也確實是馬可學用劍的時候了。

馬泰奧嚴肅地擰了一下眉頭，用平日裏難得一見的語氣對姪兒說：

「好！不過你要記住，控制這寶劍的是你，而不是由着自己的憤怒或恐懼胡亂揮寶劍！」

叔叔嚴肅認真的口吻，完全像是在和一個成年人討論正經事。

「好的，叔叔，我知道了！」

「佩劍之人，只有在自我防衞的時候才可以使用劍，懂嗎？」

說完，馬泰奧四下尋找，挑揀了兩根粗細均勻長短適中的樹枝，扔了一根給馬可：「我們先用樹枝練習基本動作，刀劍無眼，小心傷着你。」

馬泰奧舉起自己的樹枝，向馬可迅速地點了一下頭，作為致敬。隨後他張開雙臂，彷彿面對着敵人，隨時迎接進攻。

「你要記住！從你拔劍開始，就不能犯錯！你不能讓你的敵人抓住機會對你下手。」

興奮的馬可，一把抓住叔叔拋來的樹枝，模仿叔叔的動作，先敬禮致意，隨後雙臂舒展，手握樹枝，指向地面，迎接挑戰。

「你要隨時保證你手中的劍能擋住敵人。」馬泰奧一邊說，一邊迅速提起樹枝向馬可的腦袋刺去。

「加油！馬可！像我一樣，接招！」

叔姪二人，在夕陽西下的山坡上，練習着擊劍最基本的動作。馬泰奧每做一個動作，馬可就立刻模仿。開始幾次，略帶笨拙，一回生二回熟，練了一會兒，馬可的動作就開始靈巧起來。

從此，這兩人除了叔姪的血緣關係，更多了一層師徒情分。

深夜，馬可揉捏着因為傍晚練劍酸疼不已的肩膀和胳膊，悄悄爬出帳篷，靠着大樹，抬頭看天。原來今晚是個月圓之夜，皎潔的月光灑滿棉花堡，水波粼粼，微

微蕩漾。沿着棉花堡自然形成的温泉梯田湖面邊緣踱步，馬可突然湧起一陣衝動，想跳進這層層疊疊的天然温泉中，暢快地游泳。

他感到胸膛裏湧起一股青春的活力，因為年輕，能探索未知的世界，這是多麼驕傲自豪的事！他想向眼前這世界大聲宣佈：

「哈嘍！我！我在這兒！我是馬可……」

「馬可……可……可……」回聲在山谷之間蕩漾開去。

「喔！喔！啊！啊！」

馬可繼續歡呼着，聽着山谷的回聲，伴隨着四周順着山坡地勢緩緩流淌的温泉發出微弱的叮咚作響聲。

月色之下，一片和諧。

突然，潺潺的水聲，被遠處逐漸靠近的驢叫聲，還有嗒嗒作響的驢蹄聲打斷。

是誰？

馬可順着聲音的方向望去。只見略高一點的山坡上，出現了一位穿着寬大袍子的白鬍子老人，腦袋上纏着頭巾。老人背着月光，馬可看不清他的臉。老人停下來，安靜地注視着馬可·孛羅。老人的四周籠罩着一圈光暈，像魔法師一般。

最讓人奇怪的是──老人竟然倒騎着毛驢！

「你好！黑夜裏的少年！」

老人先開了口。

「您好！」馬可也回禮問候。

「小伙子，你是怎麼到這兒的呀？」

「我們從威尼斯出發，我們要去遠東……」馬可終於忍不住自己的好奇心，「我想問一個問題，您不覺得自己騎毛驢的方式很奇怪嗎？」

老人絲毫沒有被冒犯的感覺，他輕描淡寫地回答：

「這樣騎毛驢，我就可以好好欣賞沿途走過的風景，而當我到達目的地的時候，一扭頭，是全新的驚喜呀！」

馬可聽得似懂非懂。

「今晚是月圓之夜，最適合去希拉波利斯古城看一看了……」老人繼續說，「我叫努斯德米，你要不要陪我一起去看看？」他一邊說，一邊拍了拍毛驢，示意馬可跟着他一塊兒走。

馬可從小就聽說過那個被遺棄的希拉波利斯古城，他當然要去看看。夜色彌漫，一轉眼老人就要消失在前方的樹影裏，馬可三步兩步，緊跟了上去。

「等我一下，我要跟着您走。」

希拉波利斯的古城，傳說中被遺棄的古城。斷壁殘垣，粗壯的石柱凌亂地倒坍在廣場上。雖然那些矗立多年的大型建築已不復存在，但是從殘存的浮雕、碎片中，人們還是可以明顯地感受到這片土地上曾經擁有的輝煌和雄偉。

月光映襯着山坡、平原、廣場、遺跡。

馬可和努斯德米在這片山頂的廢墟上靜靜地走着，月光拉長了他們在地上的影子，瘦瘦長長，隨着腳步，慢慢向前移動。

藏在廢墟建築中的鳥兒給陌生人的腳步聲驚動，騰地飛起，在空中盤旋着，驚叫着，慌裏慌張地飛往旁邊的樹叢裏。

「啞……啞……呱……呱……」

馬可環顧四周，努力想像古人們生活在這些房屋宮殿裏的模樣和情形。

「這些石頭都是以前偉大的歷史見證呀……」

「嗯，對啊，有時候這些石頭都會講故事呢，只不過你得了解它們，傾聽它們……」努斯德米微笑着說道。話音剛落，他們腳下的地面開始顫動。

難道是地震？

大地開始顫抖，颳起一陣旋風，讓人不得不抬起雙手擋住直撲臉上的塵土。

「地面在抖啊！」馬可驚慌失措。

騰空揚起的旋風，在遠處形成一個雲團，先是輕盈的，而後，隨着風速加快，也逐漸變得渾濁而濃烈。

從這股雲團中心，慢慢地走出來一隊人馬。為首的是身着華服、頭戴皇冠的國王，身後跟着一隊衞兵，也穿着鎧甲，威武嚴肅。

他們整整齊齊地走在古城的道路正中，目不斜視，氣氛莊重。

「這是怎麼回事啊？」

馬可看着遠處的儀仗隊，好生疑惑。努斯德米噓了下嘴，示意他別出聲。

「他們是誰啊？我可以上前看看嗎？……」

「別！別上前！不要混到過去的時空裏，你會走不出來的……」

老人及時阻止了馬可。

國王和衞兵方陣隆隆地靠近，又隆隆地離開，消失在黑夜之中。

馬可呆呆地看着隨旋風出現又從自己眼前走遠消失的這羣人，詫異得完全說不出話來。

「好了，今晚這月圓之夜，你想不想占卜問問將來前程啊？」老人溫柔地問馬可。

小伙子明顯有所遲疑：

「這……我，我可能還沒做好準備吧……或許，就問一下下？」

「別怕，當滿月照亮希拉波利斯古城的時候，沒甚麼不可以，也沒甚麼不可能的！」

馬可的好奇心被驅使出來，他挺了挺胸膛，堅定地點了點頭：

「嗯！好！我準備好了。」

雲朵飄在空中，時不時地遮住月亮。

黑夜忽明忽暗。

夜更深了，風也更大了，略帶寒冷，吹得人毛骨悚然。

努斯德米帶着馬可拾級而上，緩緩地向古城遺址最高處走去。台階盡頭隱約出現了一座祭壇，巨石建造的祭壇，方方正正，矗立在最高的平台之上，一種莊嚴肅穆的感覺油然而生。

努斯德米在祭壇前停頓了一小會兒，彷彿在凝神沉思。

就在此時，馬可感到胸前的玉墜突然顫抖起來，它微微泛光，就像之前發生過的一般。

哪來的危險？

「古老的祭壇啊，請燃起火焰，帶我們看看未來吧！」努斯德米喃喃自語道。說罷他揮動右臂，指向祭壇正中的祭器。

一剎那，一團火苗騰空而起，微弱地搖擺，又迅速熄滅，化作濃煙，緩緩地升向上空。

濃煙嫋嫋上升着，慢慢散開，迎着馬可胸前玉墜所發出的光芒，隨風變幻出一頭獅子的模樣。

「好眼熟的獅子啊！」馬可心想。

哦，對了，這不是中國大都的獅子嗎？

一會兒工夫，煙霧中的雄獅慢慢變大，張牙舞爪地展現在馬可和老人眼前。

隨着獅子在空中越變越大，四周飄蕩起一陣絲竹之聲，不是馬可所熟悉的威尼斯的樂器，更像是父親描述過的東方樂器，陌生，悠遠，空靈。

「這就是中國的獅子呀！」馬可不自覺地脫口而出。

此時，獅子背後，浮現出一片巍峨的宮殿，若隱若現，蔚為壯觀。

突然一陣風吹來，獅子和宮殿頃刻間重新化為黑煙，四處飄散開來。

玉墜的光芒，映襯着馬可的臉龐，抑制不住的驚奇，讓他合不攏嘴。

老人和馬可重新回到古城入口，馬可回頭望了一眼古城的祭壇，一切都回歸平靜，月色更濃烈，四下更寂靜。

馬可小聲地對老人說：

「剛才火焰燃起的時候，我胸口的玉墜也在動呢。」

「因為那是你的意念呀！你的玉墜是你自己身體和思想的一部分，是你喚醒了它……」

「那我們剛剛看到的，是甚麼意思啊？」

　　「只有你自己才能解讀，因為那是你自己的未來……」說到這裏，老人嚴肅起來，「孩子，別怕，迎接你的將會是光榮的使命，儘管也伴着危險……」

　　老人停了停，看了一眼天際，繼續說道：

　　「月亮快落下了……黎明馬上要來了……未來的旅途，祝你一路平安！祝你好運，孩子。」

　　努斯德米說完，也不等馬可回答，倒騎上他的小毛驢，面向馬可，晃晃悠悠地消失在晨霧的氤氳之中。

　　馬可向老人深深鞠了一躬：

　　「謝謝您！謝謝！我不會忘記今晚的！」

牧羊人站在羊羣之中，揮舞着小樹枝，向我們揮手致意。

棉花堡也逐漸消失在身後。

才踏上東方的土地，我已經在希拉波利斯古城遺跡中度過了神祕的一夜，見識了東方夢幻般的景象。

這下，我對未來的旅途更充滿了期待……

第六章
亞拉臘山之
挪亞方舟

我見識了棉花堡的奇特自然風景，也見證了山頂古城內的月夜占卜。如今，我跟着商隊重新跋山涉水，向前探險。

　　不知道走了多久，太陽東升又西落，越過平原，跨過沼澤，又來到山林。馬可從最初的興奮不已，慢慢也開始垂着腦袋，只是默默地隨着隊伍行進。

　　又是一天過去了，懶懶的陽光慢慢躲到了針葉林的背後。大家正在四處尋找適合埋鍋做飯的地點時，不知是誰喊出了聲：「看，那是亞拉臘山嗎？」

　　「那是一座死火山。」父親尼科洛向馬可解釋道。在落日的映襯下，火山顯得越發寧靜。

　　「據說，在亞拉臘山頂，停靠着大洪水退去後的挪亞方舟！」叔叔馬泰奧含糊地補充。

　　沒等看清整座山巒，太陽已經落到了山的背後，只顯出黑色的剪影。不過馬可很快發現了更讓他感興趣的東西。一陣酸甜的香氣結合着暖暖的味道，飄到了他的鼻子裏。藉着天幕尚未完全退去的光亮，他看到不遠處有一羣人聚在一起，像是遊牧民族，有人正在做飯，圍着一口大鍋攪拌着。馬可腳下生風，像小鹿一般就蹦了過去。

　　「你好，你這攪拌的是甚麼？」馬可走到近前，發現攪着大鍋的是位年輕姑娘，一頭瀑布般的長髮，直到腰際。

　　「我在做鮮奶酪呢。」姑娘友善地欠了欠身說。看着站在身旁口水都要淌下來的馬可，姑娘咧嘴一笑，從大鍋裏舀上一勺子，遞給馬可說：「你嚐嚐。」

　　「嗯，嘖嘖……」馬可一嚐就忍不住咂嘴。

　　就在此時，大隊人馬也都到了。

　　牧民部落的首領葛貝爾向遠道而來的朋友致敬：

　　「你們好！我叫葛貝爾。請問，你們來這裏做甚麼？要找挪亞方舟嗎？」

　　馬可一聽，雖然不懂，但想表現一番，連忙說道：

　　「大叔，您好！我叫馬可·孛羅，這是我父親和叔叔。請問，您知道怎麼穿過這座山嗎？」

「如果你們想過去，就必須找一個熟悉路線的嚮導。」葛貝爾語氣堅定又充滿信心，「不過現在，你們還是在我們這裏烤烤火，吃點兒東西暖暖胃吧。」

馬可饞壞了，剛想一口答應下來，不過想到父親還在身後，就轉過頭來，一臉可憐地望向父親：

「首領邀請我們和他們一起吃晚飯。可以嗎？」

尼科洛看了一眼身邊的人，大家的目光中都透露着渴望。這麼多天疲累地行走，靠乾糧度日，這個時候，如果吃上一頓熱乎乎的晚飯，那就太愜意舒服了！

「請不要嫌棄，都是粗茶淡飯，請吧！……」葛貝爾拉着尼科洛往篝火邊走。尼科洛不再推辭。

席地而坐之後，尼科洛先嚐了一口飯菜，緊接着大夥兒也不客氣地動起手，大快朵頤。好些天沒有吃到這麼美味可口的食物，大家都來不及說話聊天，個個吃得專心致志。

一時間，落日、帳篷、炊煙、羊羣、享受美食的牧民及商隊夥伴，構成一幅寧靜的畫面。

馬可吃得差不多，想起剛才心中的疑問，迫不及待地問牧民首領葛貝爾：

「剛剛您說的挪亞方舟，真的在那山上嗎？」

「嗯，傳說中是這樣的……」

葛貝爾想起一個人來，指了指着坐在最邊緣，一直安安靜靜、默不作聲的男人：

「那個人叫漢金，這兩天路過這兒，是個說書的，甚麼都知道，比我們懂得多，讓他來回答你吧。」

漢金聽到有人提了自己的名字，微微向前探了探身子，藉着篝火，大家終於看清了他的臉，消瘦而細長，被陽光親吻過的膚色，歲月的痕跡印刻在每一道皮膚的褶子中。

漢金擺擺手說：

「葛貝爾，我們就別和遠道而來的客人提那些有的沒的傳說了……客人都

累了，也不想聽呢。」

馬可可不答應：

「別別，不打擾！不打擾！洗耳恭聽啊！歡迎！」

漢金被馬可的好奇心打動了，就邀請剛剛做奶酪的姑娘說：

「塞爾達，你會跳挪亞方舟那歌的舞蹈，來來，我唱你跳，我們來給這些客人們講講大洪水的故事⋯⋯」原來這姑娘叫塞爾達。

姑娘扭捏了一下，便欣然答應配合。

漢金清了清嗓子，開始彈奏樂器，合着塞爾達的舞步，開始吟唱：

懷抱擁有的一切
登上我們的大船

摯愛的親友
陸地的動物
草原的猛獸

新的一天即將到來
黑壓壓的烏雲籠罩天際
瞬間吞沒，不見五指

六天六夜
洪水雷電
天地之間，無一倖免

第七天，就在第七天
洪水平靜了
暴風雨停歇了

亞拉臘山浮出水面
挪亞方舟終得靠岸

漢金唱完，大夥兒似乎還沉浸在那遙遠的傳說中，一時沒反應過來。等到塞爾達跳完都不好意思地要坐下時，大夥兒才爆發雷鳴般的掌聲。

「哇！您唱得真好！謝謝您的故事！」

漢金謙虛地把功勞都讓給伴舞的姑娘：

「是塞爾達跳得好，大家才聽着有意思。」

塞爾達有些害羞，低頭致謝完就跑開了。

「父親，我想爬上那座山，去找找看傳說中的挪亞方舟⋯⋯」馬可聽完漢金的故事，越發好奇，開始央求父親。

「可是，我們時間不夠呢！這天氣看樣子快要下雪了，我們估計來不及上山再趕回來呢⋯⋯」父親尼科洛看了一眼天空，根據經驗分析着。

叔叔馬泰奧不忍心看到姪子失望的眼神，替他向尼科洛求情：

「哥！沒事，多逗留一天對我們來講也沒甚麼區別！放心，我陪他去！」

儘管還是不那麼放心，尼科洛最終答應了兒子的請求：

「那行吧！你們自己當心點兒⋯⋯」

天光剛剛透亮，馬可和叔叔馬泰奧便在葛貝爾的帶領下，向亞拉臘山出發。

馬可抬頭看着眼前的山路，山壁直挺挺的，就像是蠟燭燃燒後順勢流淌凝固的蠟油。

山腳勉強有些細窄彎曲的小徑可以走，但越往上，山路越窄，漸漸沒了路，大家開始手腳並用地爬起來。每爬上一個高度，葛貝爾就給大家講述一個關於亞拉臘山的古老傳說。其中也不乏一些令人毛骨悚然的故事，大多是因為爬山而迷失在半山的濃霧之間，最後找不到出路而失蹤或者跌落懸崖⋯⋯

不知道爬了多久，終於，靠近了山頂。那是一個火山形成的巨大凹陷。

傳說，挪亞方舟正是在這裏靠岸的。

葛貝爾氣喘吁吁地攀爬着，面帶笑容。可以再一次靠近山頂總歸是件很有男子漢氣概的事。但是當他一抬頭，原本微笑的神情就慢慢地消失了。根據他多年的經驗，可能要變天了──待在亞拉臘山頂上，可不是鬧着玩的。

　　山頂的雲霧在不知不覺中變得濃厚起來，白茫茫的大朵雲團環繞在四周，不一會兒就把他們包圍起來，伸手不見五指。

　　馬可不管那麼多，獨自跑到火山口邊緣，探頭往山口裏看。好深好深的坑啊！儘管眼前都是煙霧，但若隱若現地，仍能看到坑底好像有一個巨大的陰影。那輪廓，可以說是一塊巨石，或者，或者也符合那傳說中挪亞方舟的形狀？

　　「真的！好像真的有大船啊！」

　　馬可話音剛落，手腳並用，想往火山口底下一探究竟。

　　「呼……呼……」天空颳起一陣旋風，從遠處呼嘯而來。說時遲那時快，旋風瞬間颳到眼前，四周一下子塵土飛揚，馬可一個踉蹌，被風吹滾到地上。

　　常年和亞拉臘山打交道的葛貝爾深知變天後亞拉臘山上的險峻情形，一把拉住滿懷好奇心的馬可說：

　　「變天啦！亞拉臘山神不希望看到外人擅闖！我們得趕緊回去！」

　　「我們和挪亞方舟隔得那麼近啦……就幾步之遙……我想去看看它……」

馬可顯然還沒打消念頭。頃刻間，冰涼的雨水大滴大滴地落下，劈頭蓋臉地打到身上，還真有點兒疼。

亞拉臘山頂一道道銀色閃電接連劃過，瞬間點亮黑夜般的天空。緊隨其後的是遠處隆隆的悶雷聲，雷電交加，馬可的心臟跟着不停地顫動。

閃電點燃天空發出陣陣光亮，山頂深坑內的巨型不明物被照耀着，呈現出不同的形狀。忽明忽暗、若隱若現的輪廓，帶着神祕的吸引力。

此時電閃雷鳴，風雨交加，老天爺彷彿真的發怒了。馬泰奧堅定地制止了馬可向深坑前行的腳步：

「不行！馬可！暴風雪要來了！我們必須回去了！」

閃電不再撕裂天空，但是天氣變得更加糟糕，傾盆大雨開始變為鵝毛大雪，山頂的溫度迅速降了下來，轉眼暴風雪就來了。

大風呼呼颳着，雪片隨着風勢，撲面而來，一會兒工夫就將三個人從頭到腳裹上了白雪。

跌跌撞撞的下山之旅開始了。

所謂「上山容易下山難」！原本就不寬的小路，被風雪覆蓋之後更加難以辨認。每走一步，腳底還總是打滑，一不小心，就會落入萬丈懸崖。

走了沒幾步，大家意識到，在這樣天色漸黑的暴風雪中，要順路下山返回營地幾乎是不可能的。

首領葛貝爾發話了：「我看下山是沒戲了，這樣的高度，天氣冷得滲入骨頭啊！」

「離這兒最近，可以避一避的地方在哪？」馬泰奧頂着風雪問。

葛貝爾想到了甚麼，但是馬上又猶豫起來：

「倒是有一個，我們叫它『黑洞』……所有人都說裏面住着鬼怪，從來沒人敢冒險進去……」

天生愛探險的馬泰奧毫無畏懼：

「沒事！我們去避一避！要是有危險，大家一起應對！」

葛貝爾猶豫了一下，但又一看劈頭蓋臉的暴風雪，似乎下定了決心，帶領着大家在岔道口上左轉右轉了一會兒，便來到一個巨大的山洞口。

說是洞口，其實是石塊中間裂開的一條深深的縫隙，不透光的縫隙，黑暗無底。

「這是個甚麼地方？」馬可問道，「陰森森的，汗毛都豎起來了！」

「先別挑剔啦，有地方躲一下就挺好！」叔叔馬泰奧安慰姪子。

三個人鑽進洞，在洞內尋找一塊可以休息的地方。突然馬可胸前的玉墜輕微地顫抖起來。

　　馬可立刻提醒大家：「當心！有人來了！」

　　「我也覺得好像有甚麼⋯⋯」葛貝爾表示同意，感覺聲音是從山洞裏面傳來的。

　　「我去看看是甚麼人！」

　　沒等身後的葛貝爾和叔叔馬泰奧反應過來，馬可一個箭步往聲音傳來的方向小跑過去，毫無畏懼之心。

　　山洞特別深，馬可也不記得跑了多遠，猛然，他感覺到有東西在挪動，於是慢慢停下腳步。兩邊洞壁凹凸，玉墜微弱的光線，難以照到洞底。

　　馬可豎起耳朵，向着發出聲響的方向半瞇縫着眼瞧。當他看清輪廓的時候，吃驚地趕緊捂住了自己的嘴巴。

　　那不是人！那是一頭雄獅！長長的鬃毛，厚實的肩背，雄壯的軀體，炯炯有神的雙眼緊盯馬可，四肢已擺出進攻的姿勢。

　　「獅、獅、獅子⋯⋯」

雄獅咧嘴露出了兇暴的神情，感覺隨時會猛撲過來。

馬可努力平復內心的恐懼，雖然他已經腿軟，但還是堅持帶着友善的哭腔對獅子打了個招呼：

「你，你……你好！」

獅子並沒有搭理他，只是再次亮出了尖銳的爪子和獠牙。

為了安撫自己忐忑的心情，馬可無意識地撫摩着自己的玉墜，這無意識的撫摩讓護身符再次開始泛光，射出奇異的光線，從馬可胸前照耀到獅子全身，黑暗的山洞一下子亮堂起來。

「我剛剛在做着美夢！你為甚麼要吵醒我？」

獅子開口說話了？

在玉墜的光芒下，馬可竟然能聽懂獅子的話了！

「抱歉，如果吵到你了，我向你道歉！不過，外面在下大雪！暴風雪實在太大了……」馬可趕緊解釋。

「哼，你是人類！人類不是就想捕獵傷害我們嗎！」

獅子一臉不信任的表情，但好像也想試探下眼前的人類。

「不會不會！」馬可趕忙否認，「我們就是進山洞來找個地方躲一躲……」

獅子半信半疑。

獅子一邊帶着疑惑，一邊慢慢湊近馬可，伸長脖子，上下嗅了嗅馬可。馬可也不知道哪兒來的勇氣，直接伸手，在獅子耳朵後面溫柔地撓了撓，將順了牠的鬃毛。

「你對我可真溫柔。」馬可對獅子說。

「我發現我挺喜歡你的，因為你一點兒也不怕我！」

獅子一邊說着，一邊享受馬可撓牠的腦袋和鬃毛。慢慢地，獅子像溫順的大貓一般，俯下了身子和腦袋。

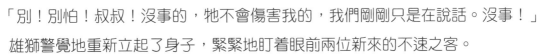

　　馬泰奧和葛貝爾正好趕到，遠遠看到馬可和雄獅在一起，嚇得說不出話來。

　　叔叔馬泰奧立刻拔劍準備將身處危險之中的姪子救回來。

　　「快跑啊！馬可！」

　　身處獅子和叔叔中間的馬可趕緊解釋：

　　「別！別怕！叔叔！沒事的，牠不會傷害我的，我們剛剛只是在說話。沒事！」

　　雄獅警覺地重新立起了身子，緊緊地盯着眼前兩位新來的不速之客。

　　「別擔心，這是我叔叔馬泰奧和葛貝爾，我們是一塊的。請問今天晚上我們可以在山洞裏留宿嗎？」馬可一邊問獅子，一邊將手背在身後，示意叔叔不要動。

　　雖然不那麼願意被外人打擾，獅子還是點了點腦袋，表示同意，然後緩緩地向洞底的一塊空地走去，自顧自休息，將他們仨留在身後。

　　「你們看……我說了沒事的，牠不會傷害我們的！」

　　「我親愛的小姪子啊！你到底有多少本事留着給我們驚喜呀！」馬泰奧被眼前的場景驚詫得目瞪口呆。

　　葛貝爾作為這一帶牧民部落首領，從來沒聽說過獅子會不傷人的，喃喃自語：

　　「不管怎樣，這可是獅子呀！大家睜着一隻眼睡覺吧。別掉以輕心。」

　　次日，陽光重新普照大地，三個人離開山洞下山回到部落營地。眾人紛紛上前迎接。這突如其來的暴風雪，令大家都很擔心他們的安危。看到平安歸來的三個人，大家心中的石頭也落了地。

　　馬可迫不及待地和大家分享：「真的是大冒險啊！先是碰到暴風雪，然後我們又碰到了大獅子！」

　　馬泰奧對尼科洛說：「哥哥，你兒子真有一手啊！他居然可以和獅子對話！」

　　一旁的葛貝爾也忍不住補充：「是啊，在你兒子面前那獅子溫順得和貓一樣！」

　　「馬可，你是怎麼做到的？」

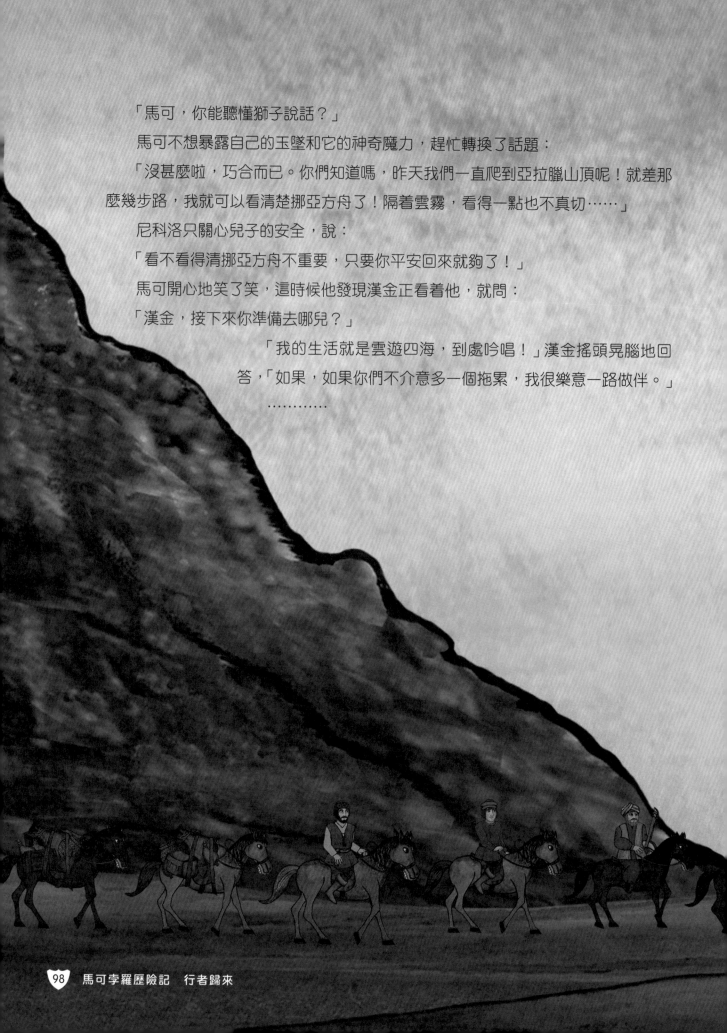

「馬可，你能聽懂獅子說話？」

馬可不想暴露自己的玉墜和它的神奇魔力，趕忙轉換了話題：

「沒甚麼啦，巧合而已。你們知道嗎，昨天我們一直爬到亞拉臘山頂呢！就差那麼幾步路，我就可以看清楚挪亞方舟了！隔着雲霧，看得一點也不真切⋯⋯」

尼科洛只關心兒子的安全，說：

「看不看得清挪亞方舟不重要，只要你平安回來就夠了！」

馬可開心地笑了笑，這時候他發現漢金正看着他，就問：

「漢金，接下來你準備去哪兒？」

「我的生活就是雲遊四海，到處吟唱！」漢金搖頭晃腦地回答，「如果，如果你們不介意多一個拖累，我很樂意一路做伴。」

⋯⋯⋯⋯⋯

我們離開了這羣友善熱情的牧民朋友們，但我們的隊伍裏，多了遊吟詩人漢金，他能唱會彈，上知天文下知地理。

　　有了他的陪同，這一路旅程也多了份樂趣，偶爾累了乏了，大夥兒都請他來上一段，解解悶也長長見聞，不知不覺中又走了好多地方……

第七章
國境哨所

離開亞拉臘山之後，我們在漢金的陪同下經過一些繁華地帶，那裏物資豐富，也遇見幾個村落，及時補充了食物。

當然，我們也穿越了炎熱乾燥的無人地帶，那裏土壤貧瘠，植被荒涼，危機四伏。

雄鷹飛越在陡峭而深邃的山谷之上，蜿蜒曲折的峽谷層次分明，色澤漸變，景象壯觀。

風在岩石間呼嘯而過，吹動些許乾燥的荊棘。

蜥蜴一動不動地趴在岩石上曬太陽，只有眼珠子轉悠着，看向天空。

突然，老鷹從高空俯衝下來，伸出利爪準備捕食這隻看似毫不知情的蜥蜴。在這危急時刻，蜥蜴發現了天敵，迅速移動躲進了岩石裂縫中，老鷹懊惱地掉轉方向逐漸飛遠。

商隊在山谷底部前行，父親尼科洛打頭，緊隨其後的有馬可、威賽、馬泰奧、遊吟詩人漢金和其餘穿越沙漠必帶的牽駱駝的隊友們。

「父親，我們是不是快要到客棧了？」馬可忍不住地問尼科洛，「這客棧，我期待好久了！」

「嗯，還差一點兒路……據說客棧就在這些山頭後面。」

尼科洛話音剛落，兄弟馬泰奧補充了一句：

「這客棧就在邊境之上，還有中國士兵在把守呢！」

遊吟詩人漢金跟着他們一邊走，一邊在太陽下悠閒自得地彈奏着樂曲。

馬可在叔叔身邊騎行的時候，抬頭發現空中的雄鷹正在廣闊的天空中翱翔。

剛剛逃脫老鷹獵食的蜥蜴，不知甚麼時候偷偷鑽進駱駝身上的行李中。商隊帶着牠繼續前行。

山谷底部的道路越來越窄，直到僅留下狹窄得勉強可以通過的山路。

此時，馬可突然察覺玉墜隱約開始晃動起來。

　　他四處張望努力尋求答案，一下注意到空中盤旋的老鷹，在向一塊岩石俯衝時突然迅速拍打着翅膀改變了方向。馬可盯着那兒仔細辨認了會兒，竟然有埋伏！要發現埋伏的人並不容易，他們的衣服和身體被土壤覆蓋着，和周圍環境幾乎融為一體。

　　「大夥兒，給我推！」

　　強盜頭子發覺有人發現了他們，立刻對手下下達了命令。

　　馬可毫不猶豫地大吼一聲，策馬揚鞭，擋住隊伍最前面的父親和叔叔。

　　「停下！大家停下！別走啦！」

　　尼科洛看着兒子突如其來的反常舉動，趕緊勒住自己的馬。由於韁繩把馬嘴勒得生疼，馬一仰脖子順勢抬起了前蹄，僅用後腿站立，嘴裏不住地嘶鳴，幾乎要將尼科洛摔下背去。

　　「兒子，你在做甚麼？」

　　馬可還沒來得及回答，他們面前的山上就滾下一塊巨石，連帶着一堆碎石塊轟隆隆地從天而降。如果沒有及時停住腳步，大夥兒一定都被砸死砸傷了。

　　四周揚起了一陣塵土。

「有埋伏！」

「趕緊衝過去！」

「對！趕緊的！」

所幸大石塊並未完全擋住去路，商隊趁着揚灰還沒有散盡之際，加快了腳步。

安全地衝過了峽口，商隊來到廣闊乾枯的平原。在他們面前不遠處的小山崗上，矗立着哨所，哨所築有堅固的圍牆和高高的瞭望塔。

但強盜在商隊後面緊追不捨，他們一定是想在商隊趕到哨所避難所之前，先下手奪走商隊的財物。

馬可聽到身後的喊叫聲，看到強盜沿着山坡衝下來，知道一場對抗在所難免。

父親尼科洛催促大家：

「快跑啊！加油啊！哨所就在前面啦……」

在哨所的瞭望塔上，迎風飛揚着有皇家象徵的旗幟。

也就是說，確實如傳聞中的，哨所有中國士兵把守，保護經過此路的人們。

尼科洛再次鼓勵他的商隊：

「加油啊！前面有衛兵，我們就快到啦！」

還躲在駱駝身上行囊中的蜥蜴，慢慢從藏身地探出了腦袋，冒着風險四處張望。

老鷹從高處看見了蜥蜴，收緊翅膀，從高處加快速度俯衝下來。

駱駝看見俯衝下來的鷹，猛然受到驚嚇，為了躲避攻擊，迅速地改變了路線。

一部分行李因為劇烈的晃動而掉落，在沙石上翻滾。那座聖馬可的金獅雕像，滾落在地，在光禿禿的沙土上閃閃發光，分外耀眼。

尼科洛一回頭，大叫一聲：

「金獅！」

他毫不猶豫地抽緊韁繩，轉過身來。馬可一把攔着父親：

「父親！你要做甚麼？我們先避難吧！」

「那隻金獅雕像比我們的生命更重要！總督大人親自交給我們，讓我們把它帶給

中國皇帝的！」

「讓我來吧！」馬可二話不說，跳下馬箭步衝向金獅雕像，一把撿起它。

強盜號叫着向商隊衝來。

尼科洛用餘光重新估算了一下他們和強盜以及哨所之間的距離：

「他們會在我們趕到哨所前追上我們的！」

馬泰奧指着身旁右側的一堆岩石說：

「我們最好還是躲到那堆石頭後面去。」

「好的！我們圍成圈，武器在手！他們只不過是一羣匪徒！」

大夥兒聚攏在一起，尋找適當的方位佈陣迎敵。

漢金小心收好他的樂器，準備使用一把粗短的劍抵抗強盜。他的話語充滿了信念，他的聲音帶着智者風度：

「勇氣比人數更有用！歷史總能證明！」

威賽已經準備好投入戰鬥，緊盯正在靠近的敵人：

「他們膽敢靠近，我們就狠狠教訓他們吧！」

其他人也紛紛拔劍準備⋯⋯

與此同時，瞭望塔上中國軍隊的將軍也在高處觀察，一排弓箭手不動聲色地列隊等待命令。

「準備！」

弓箭手手拉弓弦聽令。

「瞄準！」

士兵訓練有素，張弓搭箭，箭在弦上。

強盜們奔跑着向前衝，以為靠兇殘的蠻力和人數一定能取勝。強盜首領揮舞着一把鑲嵌了骨頭的大錘，看起來更加兇惡。

瞭望塔上的將軍放下右臂說：

「放箭！」

士兵將弦拉滿，齊刷刷地放箭，箭在空中劃出弧形，向着威尼斯商隊的方向直奔而去。

馬可大叫一聲：「當心！臥倒！」

弓箭越過了商隊人馬，落在他們和強盜們之間。

其中一支箭擦過強盜首領的腦袋，為了保命他不得不咒罵着逃竄了。

尼科洛立即明白了正在發生的情況：

「箭不是射我們的，馬可！他們在救我們！」

強盜首領憤怒地朝哨所揮動手中的大錘，用聽不懂的語言破口大罵。而後，他越過自己的部下，衝在最前面，指揮大家跟上。

當他們繼續靠近時，又一批箭雨從天而降，再次在商隊與強盜之間形成一道屏障，彷彿在宣告：越界即死。

強盜首領的手臂中了一箭，疼得他丟下了手中的武器，落荒而逃。此時哨所響起了戰鼓聲。

為首的強盜頭目一跑，手下的嘍囉就作鳥獸散了。

當最後一個強盜消失時，商隊才離開了做掩護的岩石，向哨所走去。

這是一座結構堅固又富有藝術氣息的建築，風格和威尼斯的建築完全不同。大夥兒一邊靠近，一邊觀察。馬可很喜歡那迎風飄揚的旗幟，哇，那旗幟上面也有龍呢！

將軍下令開門迎接。

飾有青銅門環的沉重大門，隨着鉸鏈吱吱嘎嘎的聲響，緩緩地打開。

大門一開，除了士兵，還有其他之前到達的商人們，一起迎接剛剛脫離危險的新客人。

將軍帶領士兵，列隊迎接。

父親尼科洛熱烈地感激他們出手救援：

「謝謝！謝謝！謝謝你們救了我們呀！」

「這是大汗的命令，也是我們駐守邊疆的職責所在！」

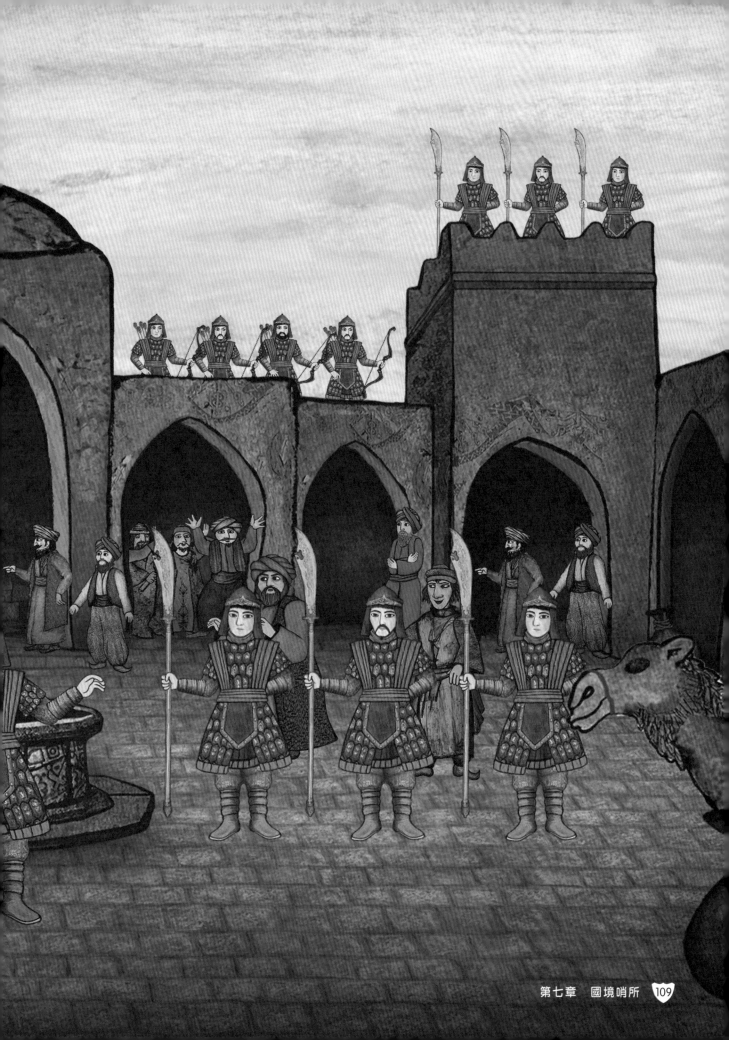

所有士兵一聽到「大汗」，立即一手舉起兵器，一手拍打胸脯高呼：

「吾皇萬歲！」

「吾皇萬歲！」

將軍莊重自豪地向尼科洛一行人保證：

「從這裏向前，一路安全！行者與貨物都在大汗的保護之下……」

尼科洛有禮有節地回覆將軍：

「我們從遙遠的威尼斯過來，想代表威尼斯的總督大人獻給中國大汗一份珍貴的禮物！」

「好的，沒問題。你們放心，在這裏，你們會受到貴賓的禮遇！」

與此同時，大家在院子裏騰出一塊地方，向他們慶祝成功脫險：

「萬歲！」

「歡迎歡迎！你們快來陰涼處坐吧！」

身着華服的阿拉伯商人埃米爾走了出來說：

「為剛剛逃離危險的威尼斯商人乾杯！」

和他同行的人帶頭鼓掌。他的隨從從旁邊端來了精緻的銅質酒杯，用同樣材質的水壺向酒杯斟滿解渴的甘露：

「請，請喝水！」

尼科洛一行人毫不客氣地接過這沙漠最珍貴的清水。

「謝謝！」

「這正是我們需要的！」

他們喝了一杯又一杯，這是在這片土地上最好的飲用水了。

埃米爾看着眼前牛飲的商人們，不禁感慨着：

「這羣強盜在離哨所這麼近的地方襲擊你們，你們真是幸運！」

還處在戰鬥狀態中沒緩過來的威賽，張嘴就說：

「啊，我可不覺得這是幸運……他們完全可以不襲擊我們呀！」

埃米爾的隨從聽了，為了維護自己的主人，立即插話進來：

「但是，如果他們在山谷裏就襲擊你們呢……」

隨從說了一半，做了一個抹脖子的動作，暗示這可能是他們的下場。

尼科洛不想和他們爭執下去，笑盈盈地換了話題：

「長途旅行後，能在新朋友這兒喝着解渴的涼水，真是太美好了啊……」

威賽嘟嘟囔囔地自言自語：

「這不，還有勇武的中國士兵和堅固的城牆嘛！」

在日落的最後一絲光線中，孛羅兄弟以及他們的同伴們圍坐在自己商隊所屬的門廊下。客棧另外一側傳來了一些音樂聲。

馬可忍不住好奇，徑直起身穿過客棧的內院，路過石頭噴泉，去尋找音樂的源頭。

好多人圍坐在客棧的另一頭，馬可認出演奏者就是埃米爾的隨從，還有一位美麗的姑娘在跳舞。

演奏者彈完一首曲子之後，準備換下一首。

「漂亮的札米拉，為我們舞最後一曲吧！」

演奏者說完，又開始彈奏一首歡快的樂曲。

札米拉敲着小鼓，扭動起來，她的身影隨着衣服上閃閃的裝飾，在跳躍的燭光中更加婀娜多姿。

馬可忍不住走近看，和所有人一樣，他也被這舞姿吸引了：

「你跳得真美！」

旁邊的人也在大聲稱讚：

「札米拉好樣的！」

水瓶和水杯在人們之間傳遞，大家開懷暢飲着，大笑着，欣賞着。

音樂和舞蹈越來越歡快。演出在一陣急促的音樂中收尾落幕。札米拉飛快旋轉着，身上的薄紗在空中飛舞。

不一會兒，彈奏者托着一個小盤在圍觀者中走來走去收取打賞。

馬可的打賞比別人要多許多，這個舉動將他鼓鼓囊囊的錢袋子暴露在大庭廣眾之下。

埃米爾將一切盡收眼底。

過了一會兒，埃米爾熱情地招呼大家試試手氣，對隨從說：

「把骰子拿來！夜晚才剛剛開始！我要好好贏兩把！你們大家誰有興趣啊？」

他熱情地轉向馬可：

「你想和我們一起玩嗎？威尼斯來的小伙子。」

馬可並不接受邀請：

「或許明晚吧，先生！我現在只想在旁邊看看這裏的遊戲規則……」

湊上來一個圍觀的人，他輕描淡寫地解釋說：

「規則很簡單！誰的點數大，誰就贏了！每擲一次，就下一次賭注！」

埃米爾示範性地催促其他人下注：

「我準備好啦！我出十個金幣！誰和我玩？」

　　說完埃米爾在賭桌上擺上一個錢袋，剛對馬可解釋遊戲規則的圍觀者表示願意參加，也擺上了相同金額的錢袋。

　　大家屏息凝神，看着骰子們在盤子裏轉動……

　　結果出來了，埃米爾的骰子點數不如圍觀者大。圍觀者從賭桌上一把搶過錢袋，滿足地大笑起來：

　　「哈哈，這一次手氣不錯，幸運啊！」

　　埃米爾頗為掃興：

　　「這次算你僥倖！要不我們再來一次？」

　　「今晚我累了，我也賺夠了……改日你再找我贏回來吧……」

　　贏錢的人捂緊了今晚的意外之財，趕緊開溜。

　　埃米爾環顧四周，因為沒有對手而生氣。他再次盯住了馬可：

　　「今晚我還不信邪了！你呢，小伙子？你想試試運氣不？」

　　馬可被一種欲望驅使着，想在眾人面前，特別是在美麗的札米拉面前表現得像個男子漢。

　　「好！為甚麼不呢？」馬可提高聲音說。

　　發生的一切，遠遠站在門廊暗處的叔叔馬泰奧和威賽盡收眼底。

　　馬泰奧對着威賽拼命搖頭。

　　「小傢伙還得吃吃苦頭！我們注意盯着！」

　　威賽還沒說完已行動起來，他走近人羣，用力擠進賭博的人羣中。

　　「晚上好各位！我看有不錯的賭局嘛！能參加嗎？」

　　還沒等人回覆，威賽抓起骰子，微笑着握在手中，用力，狠狠用力，直到捻碎它們。骰子化成粉末，露出裏面兩個用來作弊的小鉛彈。

　　威賽假裝很吃驚：

　　「啊！骰子碎了！怎麼會這樣？……」

　　埃米爾氣得鬍子都吹起來了，但還得裝作很有禮貌：

　　「沒事！沒事！我們再找幾個好的骰子，明晚繼續……」

威賽及時阻止騙局，同住客棧，他也不願跟別人正面衝突：

「好啦，馬可，今晚到此結束，我們走吧！各位晚安！」

目睹一切的馬可明白了其中原委，低着頭跟着威賽往回走。

人羣漸漸散去，一些人竊竊私語，開始懷疑埃米爾的誠信。

札米拉熄滅了蠟燭，現場立即黑暗了下來，只剩下夜空中的柔光。

他們的同夥，那個之前混在圍觀者中假裝贏錢的人，趁着黑夜溜回到埃米爾身邊，憤怒而沮喪地咒罵着：

「下地獄吧！我們這齣戲搞砸了！我們又要重新做骰子！」

「如果那個人向將軍告發我們，可就更糟糕了！」

「真氣人！想想看那個無知的小伙子差點兒就栽到我們手上了！」

「就是！我差點兒就成了！就差那麼一點兒！好了，把錢還給我吧！」

馬可躺在牀上睡着了。

突然他被一陣茶壺碰翻在地的哐當聲吵醒。馬可睜開眼，發現埃米爾的隨從，也就是那個奏樂者，手握他的錢袋站在不遠處。

隨從發現馬可醒來，當場愣住了，他此刻看起來就是個剛剛得手的小偷模樣，他的腳邊還有翻滾在地的茶壺。

馬可喝問道：

「你在這裏做甚麼？」

小偷沒有回答，企圖逃走，但是被聞聲起來的威賽一把捉住，高聲呵斥：

「放開那個錢袋，否則對你不客氣！」

意識到自己已經被逮個正着，小偷趕緊裝可憐求饒：

「我是在地上撿到的！我發誓，先生⋯⋯我到這裏來是為了還回來⋯⋯」小偷邊說邊慢慢地挪動身子，企圖逃走。

威賽抓住他的衣領，把他揪了起來：

「你看，我們應該怎麼辦？」

「當然要去告發他⋯⋯」

埃米爾的隨從開始害怕，向他們乞求：

「哦，不！不要！我求你們了！我再也不偷任何東西了⋯⋯是埃米爾派我來的⋯⋯他，他才是真正的騙子和壞人⋯⋯」

威賽和馬可對視了一眼。馬可努了努嘴，指了指路，威賽放開了手中的小偷：

「再也不要讓我們看到你！」

小偷重重地摔落在地上，夾着尾巴趕緊逃跑，卻迎面撞上了被喧嘩聲引來的侍衛們。

「站住！你被捕啦！」

「不許反抗！」

埃米爾的隨從一下子被兩個壯實的士兵抓住，拖了下去。侍衛領隊走上前向馬可敬禮：

「尊貴的客人們，我會向上級匯報，將軍會負責清查客棧！很抱歉打擾你們了！」

回禮之後，威賽教育了馬可：

「你看，自作自受！任何錯事都是要付出代價的！」

馬可從地上撿起了自己的錢袋：

「先是騙子，後有小偷！威賽，如果沒有你，我該多悲慘……」

對馬可而言，要承認自己的錯誤總是有點兒抹不開面子，但是他還是覺得要對朋友、對自己都坦誠相待：

「我真心地謝謝你！給我上了很重要的一課！我今後再也不犯這樣的錯誤了……」

幾天的時光一晃就過去了，休息夠了，到了要離開客棧的時候。大夥兒紛紛上馬，重新啟程。

守衛的士兵們在將軍的指令下列隊、開門、歡送致敬：

「預祝你們旅途愉快！尊貴的客人！」

「感謝招待！」

「再見！」

士兵們在我們身後，依然行着軍禮。

初升的太陽驅散了清晨的薄霧。漢金彈奏起一首舒緩的樂曲，這音樂正適合全新的一天和新的旅途。

我們一直向東前進，哨所在身後越來越遠，直到消失在視野裏。

終於進入中國的邊境了，漫長的東方探險旅途才剛開始。我們繼續一路向東，向着中國首都的方向挺進……